副業・兼業制度 導入・運用マニュアル

特定社会保険労務士
濱田京子 著

日本法令

はじめに

平成29年3月28日に公表された働き方改革実行計画の中では、同一労働同一賃金と時間外労働の上限規制が目玉ではありましたが、実は「柔軟な働き方がしやすい環境整備」についても示されており、具体的には「テレワーク」と「副業・兼業」が例示されていました。

当時はそれほど副業・兼業に注目されることはありませんでしたが、2020年からの感染症拡大により、働き方の見直しが急激にすすんだと同時に、副業・兼業も注目されるようになりました。

働き方の見直しの中でも副業・兼業の推進は特に、会社の人材確保に関する概念を大きく変えるものの一つでもあり、今後の労働人口減少に備える一つの方策になり得ます。視点を変えれば、副業・兼業として参画する人材は社内の従業員では確保できないような幅広い経験を有する人材ということも考えられます。また社内の従業員が他のフィールドで副業・兼業をすることにより本業に対してよい効果をもたらすという考え方もありますので、制度設計によっては今までに想定していない成果も期待できる可能性があるかもしれません。

私自身も社会保険労務士として開業するまでは会社員として働き、副業はしていませんでしたが、今は上場企業の社外監査役と東京労働局のあっせん委員としての仕事もしています。本業の仕事を確立しながらもその他にもお引き受けしている仕事は、本業の社会保険労務士としての仕事にも大いに活かされていることは間違いありません。

本書は、会社が副業・兼業の制度を設計する際のマニュアルとして活用いただけるように、要件を整理し具体的に導入イメージを持っていただけるように情報をまとめています。導入フローをもとに詳細内容を解説していますので、ご活用ください。厚生労働省が公表している「副業・兼業の促進に関するガイドライン」を読んだだけでは、何から着手したらいいのかわからない方も本書の導入フローに沿って確認してみることで、制度設計イメージができるように工夫しています。副業・兼業に関する詳細運用については、役所の資料なども含めて解説しているものが大変少ない状況ですので参考にしていただければ幸いです。情報が少ない状況下ということもあり、本書記述内の意見は私自身の見解になりますので、その点はご理解いただきますようお願いいたします。

最後になりましたが、本書発行に際し、日本法令の大澤有里さん、田村和美さんには多大なるご尽力をいただきましたことに感謝申しあげます。

2022年2月

エキップ社会保険労務士法人　代表社員
特定社会保険労務士　濱田　京子

目　次

第１章

副業・兼業制度導入のすすめ方

第２章

副業・兼業制度導入フローの詳細

第 1 章

副業・兼業制度
導入のすすめ方

1　副業・兼業制度をとりまく外部環境

令和２年９月に改正された「副業・兼業の促進に関するガイドライン」ですが、最初に策定されたのは、平成30年１月です。このタイミングは、平成29年３月28日に働き方改革実行計画案が公表された翌年であり、働き方改革関連法が平成30年６月に成立する前のことでした。つまり、働き方改革が叫ばれ、法改正の直前期となっていた時期にガイドラインが策定されたということがわかります。

平成28年９月から始まった働き方改革実行会議では、そのテーマの一つとして「テレワーク、副業・兼業といった柔軟な働き方」が取り上げられていました。その後公表された働き方改革実行計画では、働く人の視点に立った働き方改革が検討される中、労働生産性の改善により消費を押し上げて、多くの人が心豊かな家庭を持てるようにすることが基本的な考え方として示されていました。その中で柔軟な働き方が認められるような環境整備が検討され、テレワークや副業・兼業を推進する方向性が示されていました。そのような環境で、最初のガイドラインは策定されたということがわかります。

【副業・兼業の促進に関するガイドラインができるまで】

平成29年３月　働き方改革実行計画（案）の公表

平成30年１月　副業・兼業の促進に関するガイドライン　策定

平成30年６月　働き方改革関連法　可決成立

平成30年７月　働き方改革関連法　公布

平成31年4月	働き方改革関連法　改正（労働基準法などの改正）
令和2年9月	副業・兼業の促進に関するガイドライン　改定
令和3年7月	副業・兼業の促進に関するガイドラインQ&A公表

初版の副業・兼業の促進に関するガイドラインが策定されたときにもすでに以下の内容は示されていました。

・原則、企業は副業・兼業を認める方向が適当であること

・禁止、一律許可制というルールではなく、基本的に労働時間以外は労働者の自由であることを根拠に、労働者の希望に応じて認めることが求められる

・副業・兼業を認める場合は、労務提供上の支障や企業秘密の漏洩、長時間労働への懸念などが考えられるため、労働者に申請・届出させることが考えられる

・事業場が異なる場合も、労働時間は通算する

・労働時間の把握は、副業・兼業をしている労働者からの自己申告により行う

・副業・兼業により健康を害さないように、労働者自らが管理すること

その後、令和2年に新型コロナウイルス感染症が蔓延し始めたことで、強制的にテレワークが進んだことのほか、一定の業界で予定どおりの企業活動ができないことによる影響で、結果的に労働市場に変化がもたらされることになりました。働き方の選択肢が増えたことにより、副業・兼業による働き方以外にも、フリーランスとしての働き方にも注目がされたことで、フリーランスガイドラインも策定されました。

平成26年度兼業・副業に係る取組み実態調査事業報告書（中小企業庁）によると、副業を認めていない企業が約85％と当時はまだまだ多かったということが読み取れます（**図表1-1**）。

■図表1-1　兼業・副業の状況

① 従業員の兼業や副業の制度状況（単一回答）
[1: 推進している、2: 推進していないが容認している、3: 認めていない］から選択。

◆全体
推進企業は０社、容認企業は173社で全体の14.7％

（n=1,173社）

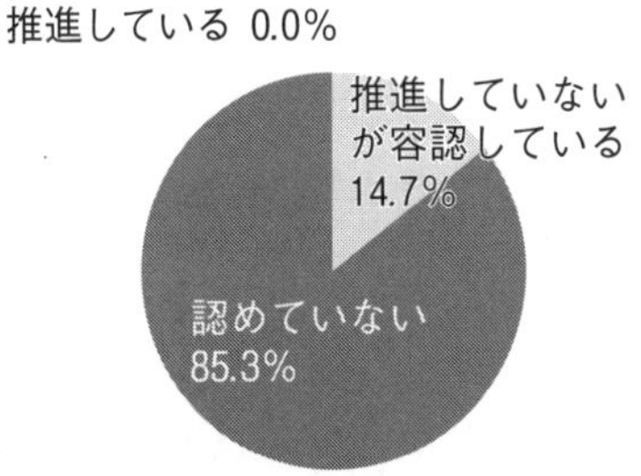

出典：中小企業庁委託事業「平成26年度兼業・副業に係る取組み実態調査事業報告書」

その後、令和２年７月に実施された労働者に対する調査（労働政策審議会安全衛生分科会で実施）では、副業・兼業をしている人の割合は、全体で9.7％とそれほど高い割合でないものの、少し具体的な実態に踏み込んだ調査結果が得られています（**図表1-2**）。

本業と副業の就業形態については、副業はパート・アルバイト、

または自由業・フリーランス・個人請負の割合が高くなっていて、本業と副業が同じ就業形態になっている割合も比較的高い結果になっています（**図表1-3**）。

また本業も副業も「雇用」の場合は、どちらもパート・アルバイトの雇用形態が多く、本業が「雇用」で副業が「非雇用」であれば、正社員と自由業・フリーランス・個人請負の組み合わせになっている割合が高くなっています（**図表1-4**）。

■図表 1-2　兼業・副業している人の割合

調査方法

○インターネット調査
○調査期間
令和２年７月 23 日～令和２年７月 29 日
○有効回答数
・調査会社が約 67 万人に調査回答依頼のメールを送信、約 23 万人から回答を得た。
・調査への参加に同意がない者（約３万人）、仕事をしていない者（約４万人）、調査会社のデータクリーニングから脱落した者（240 人）を除いた 159,355 人のデータを有効サンプルとした。
○副業については、最も収入の多いものの就業形態、労働時間等を尋ねたもの。

	男女計		男性		女性	
	人	%	人	%	人	%
20歳未満	1,055	0.7	232	0.1	823	0.5
20～29歳	17,406	10.9	3,800	2.4	13,606	8.5
30～39歳	31,913	20.0	12,623	7.9	19,290	12.1
40～49歳	47,025	29.5	27,333	17.2	19,692	12.4
50～59歳	43,827	27.5	30,707	19.3	13,120	8.2
60～64歳	12,220	7.7	9,799	6.1	2,421	1.5
65歳以上	5,909	3.7	5,029	3.2	880	0.6
全体	159,355	100.0	89,523	56.2	69,832	43.8

※男女別の割合は、男女計を母数として計算

全体像

	人	%
有効回答のあった者	229,540	100.0
調査への参加に同意がない者	30,661	13.4
仕事をしていない者	39,284	17.1
データクリーニング脱落者	240	0.1
分析対象者	159,355	69.4

※仕事には、雇用関係以外も含む。

分析対象者

	人	%
全体	159,355	100.0
仕事は１つだけ（副業なし）	143,970	90.3
仕事は２つ以上（副業あり）	15,385	9.7

※本調査において、以後、副業・兼業を「副業」と表記。
※仕事が２つ以上ある方を副業をしている方とし、回答者本人が主たる仕事と考えている仕事を「本業」、それ以外の仕事を「副業」とした。

■図表 1-3　副業している人の本業の就業形態

○　副業をしている人の割合は全体で 9.7% であり、本業の就業形態別では、「自由業・フリーランス（独立）・個人請負」が 29.8% と最も高く、「正社員」が 5.9% と最も低かった。

●　副業している人の割合（本業の就業形態別）

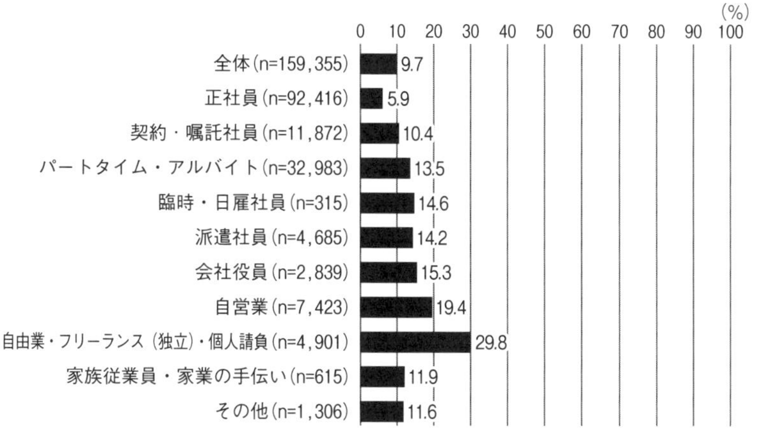

■図表 1-4　本業と副業の就業形態

○　本業と副業の就業形態について、「雇用×雇用」の組み合わせが最も多く、副業・兼業をしている方の 50.8% であった。また、「非雇用×雇用」の組み合わせが最も少なく、副業・兼業をしている方の 7.9% であった。

（人）

		副業の就業形態（収入のもっとも多い副業）		
		雇用	非雇用	合計
本業の就業形態	雇用	7,812 (50.8%) 「パート・アルバイト×パート・アルバイト」等	4,012 (26.1%) 「正社員×自由業・フリーランス（独立）・個人請負」等	11,824 (76.9%)
	非雇用	1,216 (7.9%) 「自営業×パート・アルバイト」等	2,345 (15.2%) 「自由業・フリーランス（独立）・個人請負×自由業・フリーランス（独立）・個人請負」等	3,561 (23.2%)
	合計	9,028 (58.7%)	6,357 (41.3%)	15,385 (100%)

※「正社員」、「契約・嘱託社員」、「パート・アルバイト」、「臨時・日雇社員」、「派遣社員」、「請負会社の社員」、「期間工・季節工・日雇」を「雇用」とし、「会社役員」、「会社などの役員」、「自営業」、「自営業主」、「自由業・フリーランス（独立）・個人請負」、「家族従業員・家業の手伝い」、「その他（有償ボランティアを含む）」を「非雇用」とした。

出典：労働政策審議会安全衛生分科会「副業・兼業に係る実態把握の内容等について」令和２年８月 19 日より（図表 1-2～1-4）

「雇用」なのか「非雇用」なのかという点にフォーカスすると、やはり正社員はフルタイムが前提となるためか、正社員の副業は、非雇用の自由業・フリーランス・個人請負の割合が高くなっていることがわかります。

本業・副業の労働時間についても調査結果が出ていますが、副業の労働時間は週 20 時間未満までが大半を占めており、本業と副業を含めた総労働時間も副業によって結果的に総労働時間が長くなっているという傾向にはなっていませんでした。その他睡眠時間の長さや高ストレスの判定を受けたかどうかなども副業をしていることが影響しているとは結論づけられないような結果になっています。

以上の調査結果からも、まだまだ副業・兼業がすすんでいる状況とは言い切れないものの、収入を増やしたいという理由で副業をしている人が多いこと、雇用である限り労働時間は通算されることかからか、パート・アルバイトなどの時間的余裕がある本業の人が副業も雇用される形式を選択しているケースが多いということが現段階の実態なのではないかと考えられます。

2　副業・兼業制度の導入フロー（全体像）

副業・兼業制度を、社内の制度として導入するためには、どのような手順ですすめればいいか、まず全体像を考えてみましょう。

①　社内ポリシーを決める

まず、社員の特徴なども考慮に入れて、社内で副業・兼業はどのような位置づけとするかを決めるために、その制度の方向性を決める必要があります。副業・兼業で働くという選択肢を準備する目的や方針を決めておくことで、その後のルール決めがしやすくなります。

②　許可基準を決める

次に、許可基準を決めます。もちろん、許可制にしなければならないわけではありません。

ただし許可制とせず、申請さえすればいいということにした場合でも、副業・兼業をする際に労働者に注意してもらいたいことなどの明示はしておく必要がありますので、それらを含めて基準を決めておくことは必要です。

③　労働時間の上限時間と管理方法を決める

許可基準を決める際に、労働時間をどのように管理するのかという点を必ず決めなければなりません。また上限時間をどの程度に設定することが現実的なのか、その場合の制限なども検討して決めていかなければなりません。ここまで決めることができれば、社内ルールの概要は決定することができます。

4　申請フロー・その他のルールを決める

実際に社内でどのような申請フローとするのがよいかを検討していきます。申請時に本人にそろえてもらう情報や副業・兼業先との調整事項なども事前に決めておきましょう。

5　運用チェックポイント：①　健康管理

運用上の管理事項として、健康管理に関してもケアしておく必要がありますので、法令に基づく確認をしておきましょう。

6　運用チェックポイント：②　労災保険

運用上の管理事項として、労災保険については法改正もありましたので、基本事項も含めて確認しておきましょう。

7　運用チェックポイント：③　社会保険

運用上の管理事項として、社会保険については今後適用拡大も決まっていますので、副業・兼業においても留意点が多くあります。社内手続きも想定しておく必要がありますので、影響範囲を確認しておきましょう。

8　運用チェックポイント：④　雇用保険

運用上の管理事項として、雇用保険についても重要な社内手続きとなりますので、影響範囲を確認しておくことが必要です。

9　運用チェックポイント：⑤　所得税

運用上の管理事項として、所得税についても重要な社内手続きとなりますので、影響範囲を確認しておくことが必要です。

副業・兼業制度 導入フロー

社内ポリシーの決定　（第２章[1]）

↓

許可基準の決定　（第２章[2]）

↓

労働時間の上限時間：
管理方法の決定　（第２章[3]）

↓

申請フローとルールの決定　（第２章[4]）

運　用

運用チェックポイント

① 健康管理　（第２章[5]）

② 労災保険　（第２章[6]）

③ 社会保険　（第２章[7]）

④ 雇用保険　（第２章[8]）

⑤ 所得税　（第２章[9]）

第2章

副業・兼業制度
導入フローの詳細

1　社内ポリシーを決める

第２章では、第１章の終わりで示した導入フローの順に詳細を解説していきます。

1　副業・兼業の目的・定義を決める

副業・兼業の形態はさまざまで、労働法令で定義づけがされていることもありません。そもそもその会社が考える副業・兼業の目的を整理すると、その位置づけが明確になります。目的が明確になることで、結果的に定義が決まります。社内の制度を設計する際に、目的・用語の定義が決まっていないと、それ以降のルールを決める際に迷うことが増えますので、まずは会社が考える副業・兼業の目的と定義を明確にすることを最初に行いましょう。

もちろん、目的・定義を検討するにあたり、そもそも副業・兼業を認めた場合にどのような懸念事項があるのかということを意識しておくことも必要ですので、後述するガイドラインの概要を理解しておきましょう。

副業・兼業の目的をどのように設定するかによって、認める幅は大きく異なります。例えば収入増を目的とする等のほか、従業員の社外ネットワークを形成してほしい、新規事業の開発・イノベーションのためや組織風土改革のため、優秀な人材定着のため、スキル向上・能力開発のため、などの目的も考えられます。

その目的を達成できる範囲で、副業・兼業の定義を決めることがポイントです。

例えば、契約形態に応じて分類すると以下の種類が考えられます。

①：自社以外の事業主と雇用契約を締結し業務を行い、収入を得ること

②：従業員が個人事業主として、業務委託契約を締結し、収入を得ること

上記のように定義づけるときに想定しておきたいポイントとして、「雇用」「非雇用」のどちらも想定に含めるのか、「雇用」だけにするのか、「非雇用」だけにするのか、という選択肢があります。

次に、「収入があるか」「収入がない場合も含めるのか」ということが考えられます。

さらに、不動産収入や株式投資などによる収入がある場合の取扱い、家業を手伝うことや家族の会社の取締役等に就任する場合をどうするか、という問題もあります。これらは、本業への影響が少なく、本業との区分もしやすいもののため、たとえ収入があったとしても問題ないという考え方もあります。ただし、状況によっては社会保険の手続きなどが必要にある場合もありますので、詳細を確認しておくほうがよいでしょう。

本書では主に「雇用」されていて、「収入を得ている」場合をメインに考えていきます。「雇用」されている場合に検討事項が多いためです。

いずれにしても、会社が副業・兼業の制度をどのように設計していくのかを検討するにあたり、制度に対する考え方の方向性を検討することのほか、導入した後の状況をある程度イメージできることが大切です。

2　考えられる副業・兼業パターン

社内ポリシーを決めるにあたり、具体的にどのような副業・兼業のパターンが考えられるのかを整理しておきましょう。

⑴　会社として認める副業・兼業のパターン

副業・兼業を無条件で禁止することは難しいことから、会社では働き方に応じて副業・兼業を認める条件を整理していくことが必要です。

働き方という意味では、副業・兼業先が雇用なのか非雇用なのかという違いのほか、本業の会社での働き方もさまざまなケースがあるので、具体的な状況を想定して整理していきます。

本業として働く人の副業・兼業をどのように受け入れていくか、というところから条件を考えてみましょう。

⑵　本業で正社員の人ができる副業・兼業

本業で正社員として雇用されている場合は、原則法定労働時間に近い所定労働時間が定められています。したがって、さらに副業・兼業先で同じように正社員として雇用されてフルタイムに近い所定労働時間が発生するということは現実的には考えにくいです。したがって、本業が正社員で副業・兼業先も正社員というパターンは想定から外してもよいでしょう。

では、副業・兼業先でパート・アルバイトという雇用形態で働くという可能性はあるでしょうか。正社員として働く場合は法定労働時間に近い所定労働時間があることが前提ですが、例えば週35時間勤務（7時間×５日）などのケースもありますので、短時間のアルバイトであれば法定労働時間内に限られたとしても可能ではあります。さらに多少の時間外労働が発生しても働きたいということであっても、それだけで副業・兼業が不可能になるというわけではありません。したがって、本業が正社員の人は副業・兼業先でパート・アルバイトとして働くことはできると考えられます。（**図表2-1**の組み合わせA）

次に、副業・兼業として働く場合であってもそれが雇用契約ではないパターンを考えてみましょう。雇用契約ではないパターンとして考えられるものは、業務委託やボランティアなどのほか、他社で取締役として働くことなどが考えられます。また法人間の業務委託でなくても、個人事業主として仕事を受ける場合も業務委託契約となりますので、雇用ではありません。雇用契約ではない（以下「非雇用」という）場合は、労働時間の通算の問題がなくなりますので、本業である会社が意識しておかなければならない事項は少なくなります。（**図表2-1**の組み合わせD）

(3) 本業でパート・アルバイトの人ができる副業・兼業

本業でパート・アルバイトとして働いているのであれば、副業・兼業先では正社員として働くという想定はしづらいかもしれません。しかし前項でふれているとおり、正社員とパート・アルバイトの組み合わせは不可能ではないのであり得るパターンと考えられます。しかし本業が正社員で副業・兼業先でパート・アルバイトをするという場合（**図表2-1**の組み合わせA）の社内制度のルールを整備することと本業がパート・アルバイトで副業・兼業先で正社員という場合の社内制度としてのルールづくりでは多少考慮すべきポイントが異なるため、組み合わせAとは別の組み合わせBとして、区別しておきたいと思います。どちらの会社の視点で考えるか、によって要件なども整理しておくためです。（**図表2-1**の組み合わせB）

本業でパート・アルバイトとして雇用されている場合は、法定労働時間よりもかなり短い所定労働時間で契約を締結しているはずですので、副業・兼業先でも同様にパート・アルバイトの範囲であれば、通算しても法定労働時間内または一定の時間外労働時間数で収まる範囲とすることができると考えられます。したがって、本業がパート・アルバイトで副業・兼業先でもパート・アルバイトという組み合わせは十分あり得る想定と考えられます。（**図表 2-1** の組み合わせ C）

本業でパート・アルバイトの人が、副業で雇用契約ではない働き方をするケースは、前項でも示していた組み合わせ D です。本業でも副業・兼業でも雇用契約ではない働き方との組み合わせとなると留意点は同じと考えられるため、あえて区別せず同じ組み合わせ D で分類しておきたいと思います。

■図表 2-1　本業と副業・兼業の組み合わせパターン

		副業・兼業先の雇用形態		
		正社員（フルタイム）	パート・アルバイト	非雇用
本業の雇用形態	正社員（フルタイム）	×	組み合わせ A	組み合わせ D
	パート・アルバイト	組み合わせ B	組み合わせ C	

●組み合わせ A：正社員×パート・アルバイト

この組み合わせにおいて想定されることは、正社員としての雇用契約が先に締結されているところ、その後、副業・兼業として他社でパート・アルバイトとして働きたいという要望が出るという流れが最も一般的と考えられます。いずれにしても、労働時間は通算されますので、懸念事項のポイントはやはり労働時間の長さについてでしょう。どの程度までを認めるのか、どのような管理をするのか、などが検討事項となります。

●組み合わせB：パート・アルバイト×正社員

この組み合わせはもともとパート・アルバイトとして働いていて、さらに正社員してどこか別の会社に雇用されるということですので、実際にはあまりないケースかもしれません。新卒で正社員として入社してくる社員が、学生時代から働いていたアルバイトを継続したいというケースが考えられますが、いずれにしても発生する可能性は低いかもしれません。この組み合わせの場合も、組み合わせAと同様に、懸念事項は労働時間の長さについてだと考えられます。また労働時間の通算方法に関する懸念事項があります。[3]4「⑴**「原則モデル」：労働時間通算の考え方**」と[3]5「⑴**「管理モデル」：労働時間通算の方法**」で後述しますので、入社する前に一定の手続きをふむことなどが必要になると考えられます。

●組み合わせC：パート・アルバイト×パート・アルバイト

パート・アルバイトで働く人が複数の仕事をパート・アルバイトとして掛け持ちしているというケースは十分にあり得ます。本業のパート・アルバイトとして働いている時間帯以外に十分に時間があることを想定すると、法定労働時間内に限った働き方、一定時間分は法定時間を超えてもよいという前提の働き方、より長い労働時間となることも想定に入っている働き方などと選択肢が広がりますので、労働時間管理方法を決めておくと安心です。

●組み合わせD：正社員またはパート・アルバイト×非雇用

本業が正社員でもパート・アルバイトであっても、副業・兼業が非雇用であれば、前述のとおり労働時間管理を気にしなくてよいので、管理は簡易です。非雇用であれば、労働時間という概念自体がないので通算もないことから、明確な長時間労働問題はあり得ないという理論にはなりますが、実態として疲労が蓄積するようなことが継続することがないようにはしておきたいところです。したがって、労働時間ではないものの、労働者自らには自己保健義務があることも伝えていくことができれば安心です。

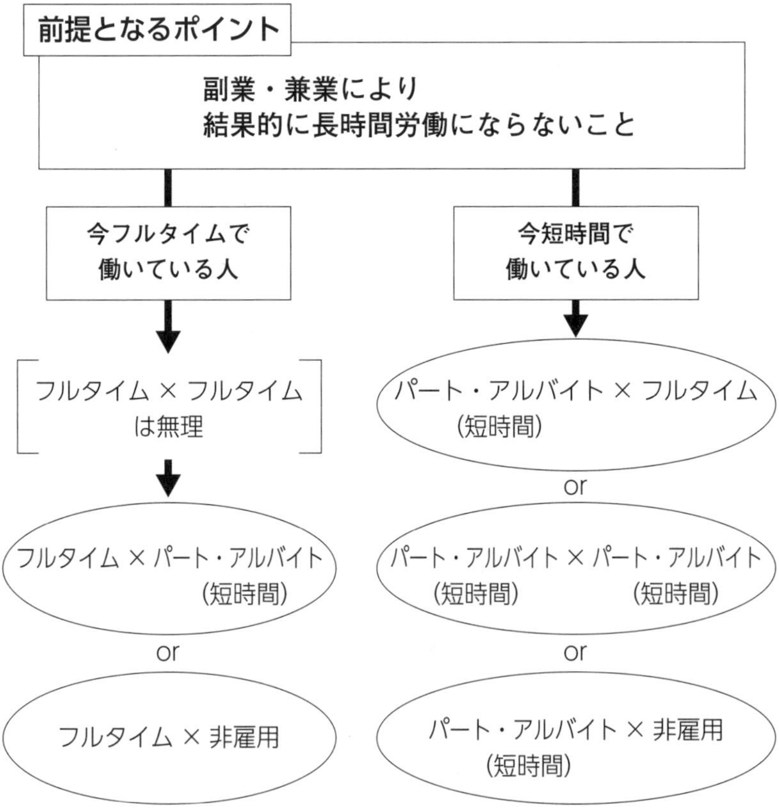

3 社内制度の拡大範囲を考える

副業・兼業制度としてどの程度の範囲で認めることが考えられるのか、具体的な事例を考えてみましょう。ここでは、秘密保持、競業避止に関する視点はクリアになっている前提で制度の拡大範囲を考えていきます。

(1) ミニマムな制度設計（最低限の制度導入）

副業・兼業を認める制度を作りたいけれど、積極的には利用してもらいたいわけではないという方針の場合は、最低限あり得るケースだけを認めて、会社も特別な管理をしないことが前提の制度を構築することが考えられます。

副業・兼業をしている人に対して、会社がほぼ管理をしなくてもよい、という前提に立つと、副業・兼業先は「雇用」ではない「非雇用」であることを条件とすることが最もわかりやすいシンプルな方法と考えられます。

「非雇用」であれば、副業・兼業先では「労働時間」とならないことから、働いた時間が通算されることもなく、結果的に長時間労働になるリスクなども回避できることが最も大きな判断ポイントになるといえるでしょう。

具体的には、次のようなケースに限り認めるという制度を設計することが考えられます。

（ほぼ会社が管理をしなくてよいケース）（例）
・他社との契約は雇用契約以外の契約に限る

・個人事業主として活動する場合に限る
・家族等の会社の取締役就任など雇用契約を締結しない場合に限る
・社会貢献を行うボランティアなど収入がない契約であれば可能（雇用契約は不可）

⑵　シンプルな制度設計（一定の制限つきの導入）

副業・兼業先として適切な仕事であるかどうかの判断は、前段階で必要な要件を決めることでクリアになりますが、それ以外のポイントとしては、会社が副業・兼業をしている人に対して特別な管理が必要となるのは、やはり労働時間に関することです。他社での「雇用」を禁止する前述のミニマムな制度よりは少し柔軟な制度として、雇用されることも認めるものの一定の制限をつけることを考えてみましょう。

副業・兼業をすることにより長時間労働となり過重労働となることが、最も心配なことです。例えば、正社員などのフルタイム勤務の人が、副業・兼業により他社で雇用され、同じ日に副業・兼業としても働くということになると法定労働時間以上の勤務は必須です。どのような想定をしても、結果的に長時間の時間外労働が前提となる可能性はあります。したがって、「雇用型」の副業・兼業については、パート・アルバイトなどの短時間勤務者に限るという制度も考えられます。

実際に本業で一定の時間外労働が発生する可能性がある場合は、同じ所定労働日に副業・兼業の仕事がある場合は、終業時刻以降の時間外労働を命ずることができなくなります。現実的にそのような状況になる可能性がある労働者がいると運営しづらいため、本業の所定労働日以外の日に勤務する場合だけに限る方法も考えられます。ただし、健康管理の観点からは週１日の法定休日は確保しておきたいという考え方もあります。どこまでの制限が必要なのか、というのは本業の業務量など負荷がどの程度なのか、というところによりますので、個別に検討していくことが必要でしょう。

考えられるシンプルな制限内容の例は次のとおりです。

（例）
・法定労働時間内に限る（1日8時間、週40時間の法定労働時間以内のみ可能）
・1日●時間以内、週●時間以内に限る
・所定労働日の勤務は禁止（所定休日のうち、法定休日ではない日のみ可）
・休日労働は禁止（＝必ず1日は休息時間を確保してもらう）

いずれにしても、後述する管理モデルの導入をすることで管理はしやすくなります。

管理モデルは、本業の会社と副業・兼業先の会社があらかじめ労働時間の上限を決めることにより運用するものであることが前提ではありますが、法定の時間外労働の上限を超えない範囲での副業・兼業を認めるという方法を採用する場合でも、管理モデルの利用は可能です。

また、本業をフルタイムではなく週休3日などの短い所定労働時間で働くという選択肢を準備することも考えられます。

(3) 自由度を高めた制度設計（積極的な制度導入）

副業・兼業を積極的にすすめる制度として設計する会社も出始めました。その理由は、従業員の多様性を認める、能力向上、イノベーションなどが考えられますし、収入増のためという側面があるケースもあります。会社がかかげる目的に応じて、自由度をどの程度まで高めるのかという点は変わってきますので、ひとくくりに制度の内容は決められません。しかし会社が一定の責任をもつ必要が出てくる点はやはり労働時間の長さの問題ですので、積極的な制度であったとしても他社で「雇用」される副業・兼業が前提であれば、一定の労働時間の制限を設ける必要はあります。

法違反にならない範囲の制限で考えられる内容は次のとおりです。副業・兼業先で雇用されている場合でも、管理監督者であれば労働時間管理が適用除外になるなど、制限が不要になるケースなども考えられます。

（例）
・36 協定内に限る（例：月 45 時間以内、年 360 時間以内）
・特別条項を含めた 36 協定内に限る（例：月 80 時間以内、年 720 時間以内）

労働時間管理については、詳しくは③で解説しますが、36 協定で締結する延長時間内でなければなりませんので、その管理をどこまできめ細やかにできるか、というところも判断のポイントになります。36 協定の特別条項を発動するタイミングを管理しなければならないことや、60 時間超の時間外労働が発生するようなケースであれば、どこからが割増率が５割増になる時間帯なのか、なども管理しなければならなくなります。

つまり、労働時間を通算することにより長くなれば長くなるほど、管理すべきことは多くなり、管理は煩雑になりますので、その点を理解したうえで制度設計することがよいでしょう。

⑷　副業・兼業先としての制度設計

⑴から⑶は本業先の会社の制度としてどうするか、という観点で

説明しましたが、副業・兼業先として労働者が選ぶ場合はどのような想定をしておく必要があるのか、という点も考えておかなければなりません。特にパート・アルバイトが多い会社にとっては、その対象者が他社でも雇用されているというケースはあり得ます。つまり、主にパート・アルバイト×パート・アルバイトのケースです。この場合の要件も、最小限の管理としたければ「**(2)　シンプルな制度設計**」で示したとおり、法定労働時間内でしか認めないという方法が最も簡単かもしれません。

本業の会社の立場だけではなく、副業・兼業先として労働者から選ばれることも想定して、副業・兼業制度を設計していくことを忘れないようにしましょう。

■検討ポイント

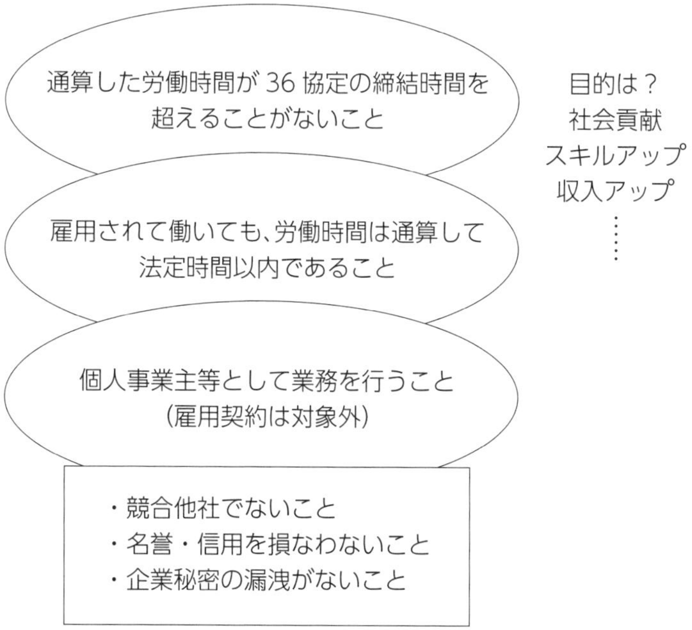

2　許可基準を決める

1　副業・兼業ガイドラインについて

許可基準を決めるにあたり、「副業・兼業の促進に関するガイドライン」（以下、ガイドライン）を確認しておくことが必要です。このガイドラインは平成30年1月に策定され、令和2年9月に改正されました（詳細は巻末資料を参照）。さらにこのガイドラインの補足資料として、「副業・兼業の促進に関するガイドライン」Q&A（以下、ガイドラインQ&A）が令和3年7月1日に公表されています。

このガイドラインでは、副業・兼業をする場合の労働時間管理や健康管理等についてかなり具体的に示されていますので、これを参考にして具体的な制度設計をしていくとよいです。

最初に、そもそもガイドラインとは、どのような位置づけのものなのか、確認しておきましょう。

ガイドラインとは？

ガイドラインは法律とは異なりますが、法が定める内容に沿って作成されるもので、いわゆる「指針」といわれているものです。これらは法律のように守ることが義務付けられているものではなく、向かうべき方向を示す方針・物事を進めるうえで頼りになるもの、などと考えられます。厚生労働省はさまざまなガイドラインを出していますが、ガイドラインは法律ではなく強制力がないので、考慮しなくてもよいと考えてしまうことは危険です。ガイドラインを根拠に指導される可能性があるということは理解しておきましょう。

■副業・兼業ガイドラインが示しているポイント

このガイドラインで示されているポイントは次のとおりです。

① 副業・兼業に関する基本的な考え方と企業に求められる対応

副業・兼業に関する会社側の義務について、明確な法令で示されているものはありません。しかし、そもそも労働時間以外の時間は労働者本人の自由に利用できる時間であることが原則ですので、一定の制限を設けることは可能ですが、労働者の希望に応じて、原則は認める方向となります。また、裁判例をふまえてもやはり認めることが原則となると考えることが適切です。もちろん、本業に支障をもたらすものでないかという精査は必要ではありますので、精査した結果をふまえたうえで所定労働時間以外の時間帯に行う副業・兼業は労働者の希望に応じて認めるというスタンスとなります。

② 労働時間管理の原則

労働時間管理について、副業・兼業だからといって特別な法律が整備されていることはありません。したがって、このガイドラインでも、通常どおりの原則となる労働時間の考え方が整理されたうえで解説されています。

具体的には、労働時間は通算されることが明確になっていることから、事業場が異なる場合も労働時間を管理する必要が出てきます。したがって、同じ会社内の異なる事業場という想定だけではなく、異なる会社で働く副業・兼業が行われている場合も、一定の管理が必要となります。このガイドラインでは具体的な管理方法について解説されていると同時に、この原則どおりの考え方のもと、求められる細かい労働時間管理の方法が解説されています。

③　簡便な管理方法としての「管理モデル」の提示

原則となる考え方のほかに、ガイドラインでは労働時間を簡便に管理するために「管理モデル」という方法を示しています。

詳細は3以降で説明していきますが、管理モデルを導入することにより、細かい管理やチェック事項などがなくなることが示されています。また時間外労働については単月100時間未満、複数月平均80時間以内という範囲は超えることができないということを明確にしていますので、その点をふまえた管理方法が具体的に示されています。

④　副業・兼業をする側の労働者に求められる対応

ガイドラインでは、会社側がすべきことに限らず労働者がどうすべきなのか、という点についても記述があります。例えば、実際に副業・兼業先の企業を含めて、会社と十分にコミュニケーションをとることが重要であることが示されているほか、健康管理の重要性、確定申告が必要な要件（副業・兼業による収入が一定以上あれば必要）などの情報提供もされています。

⑤　労災保険、雇用保険、厚生年金保険、健康保険などの関連制度に関する情報

ガイドラインでは、労働時間管理についてだけではなく、その他の保険関係についても簡単に解説されています。詳細は6以降に解説していきますが、副業・兼業する人たちがそれにより不利益にならないような制度改正がされていますし、段階的に今後も改定の予定が決まっています。具体的には労災給付額の算出元となる賃金額に副業・兼業先の賃金も算入されるほか、社会保険の適用拡大、雇用保険被保険者の適用拡大などがあります。

2　会社として遵守したい事項

　ガイドラインにも示されていますが、会社はどのようなスタンスで対応することが可能なのか、懸念事項も含めて確認していきます。

(1)　求められる会社のスタンス

　会社と労働者との労働契約で定めた所定労働時間以外は、労働者の自由な時間という考え方が原則となります。もちろん、時間外労働・休日労働に関する労使協定（いわゆる36協定）の締結と就業規則による時間外労働を命ずるという規定により、一定の時間外労働を命ずる権利が会社側にあるという契約になるものの、労働者に所定労働時間以外の時間に自由がないわけではありません。

　したがって会社は基本的な考え方として、副業・兼業を無条件で認めないということはできません。

　以上のことからも、今までは副業・兼業は一切禁止としていたり、一律許可制というルールを設けている場合であっても、今後は業務に支障をもたらすことがないことを確認するなどの精査をしたうえで、認める方向性を探ることが求められます。

　そこで会社が認めるための基準をどのように設定していくか、という点を考えるうえでの判断ポイントに沿って具体的に検討していきましょう。

【原則】

所定労働時間以外は労働者の自由のため、副業・兼業は自由

〈制限をつける際の４つの判断ポイント〉

安全配慮義務	**秘密保持義務**
競業避止義務	**誠実義務**

①　【安全配慮義務】

労働契約法５条で「使用者は、労働契約に伴い、労働者がその生命、身体等の安全を確保しつつ労働することができるよう、必要な配慮をするものとする」と定められているとおり、副業・兼業として働く労働者に対しても、会社は安全配慮義務を負っています。労働者が副業・兼業先で働いている内容、環境、労働時間については、会社が把握することができないため、あらかじめその状況を労働者から報告してもらう仕組みを構築し、健康管理の問題もふまえて状況によっては副業・兼業を認めないという判断も必要です。

Ⓐ　問題となるポイント

会社が副業・兼業を認める、というところまでしかしておらず、それぞれ具体的な業務量や労働時間を把握できず（または把握できるが把握していないという状況も含む）、結果として労働者が過重労働となっていて、健康に支障が出てしまうことがリスクとして考えられます。

Ⓑ　**会社として考えられる対策案**

ⓐ　**就業規則の定め**

具体的には、就業規則では長時間労働となる労働者に対する面接指導に関する規定がありますが、その対象者について少し範囲を広げて、副業・兼業をする労働者の安全・健康に支障がある場合は、副業・兼業を禁止することができる、という規定にすることでより明確なルールとすることができます。

ⓑ　**報告方法の確立**

各社で労働者の労働時間の把握をすることにより労働者の安全・健康に支障がないかどうかを判断することができますので、副業・兼業の状況把握は必須です。状況を報告してもらうための方法などは労働者と個別に話し合いをしておくと安心です。具体的に副業・兼業先での労働時間の報告内容と方法を決めて、いつどのようにその報告を受け取れるようにしておくかなどの具体的な内容を取り決めておきましょう。

ⓒ　**受領した情報の活用**

就業規則でルールを定めることや、労働者からの副業・兼業先での状況を報告してもらうことを決めたとしても、受領した情報をどのように社内で活用していくのかということを決めておかなければ、問題が発生するまで気づけない可能性があります。受領する情報をどのように蓄積し、何を判断するのかということも事前に決めておきましょう。また、万一問題が発生した場合には、すみやかに適切な措置を講ずることができるように、管理しておくことも求められます。

②　**【秘密保持義務】**

労働者には会社の業務上の秘密を守る義務があります。これを秘密保持義務といいますが、複数の会社で働くからといって、この義務がなくなるわけではありません。副業・兼業先として選択する仕事が本業と類似した業務や業界であることは多いため、会社は情報漏洩を未然に防ぐ仕組みを構築しておくことが必要です。具体的には、副業・兼業先に対して一定の制限をつけることのほか、そもそも会社の秘密情報の範囲を定義づけることや、情報漏洩が起きないように注意喚起することなどが考えられます。

Ⓐ　**問題となるポイント**

副業・兼業先で、本業の業務上の秘密を漏洩する可能性のほか、副業・兼業先として受け入れている労働者が、本業の業務上の秘密を社内で漏洩するリスクが考えられます。

この問題は、本業の会社の情報が漏洩しないように、ということだけではなく、他社でも働く労働者が社内で他社の情報を活用して業務遂行しないようにという点も気をつけなければなりません。その会社で本業として働いている労働者個人に対する問題だけではないということにも注意しなければなりません。

Ⓑ　**会社として考えられる対策案**

ⓐ　**就業規則の定め**

業務上の秘密を漏洩する可能性がある場合は、副業・兼業を禁止、または制限することができるように就業規則に定めておくことが考えられます。

ⓑ　**秘密情報の範囲の明確化**

副業・兼業を行う労働者に対して、漏洩してはならないとする「業務上の秘密情報」が何なのかということを明確にしておかなければなりません。秘密情報の範囲が明確になっていれば、漏洩してはならない具体的な情報も明確になりますので、秘密情報の範囲を具体的に明示しておくことが重要です。

③　**【競業避止義務】**

労働者には一般的に在職中に競合する業務は行わない義務があり、これを競業避止義務といいます。会社にとって利益を不当に侵害するような副業・兼業であれば認めることはできませんので、副業・兼業の業務内容について労働者から事前に報告してもらうことで、副業・兼業の可否を決めるようにすることも可能です。本業、副業・兼業先のいずれの会社にとっても、それぞれの会社の正当な利益を害しないということが確認できれば、副業・兼業を認めることが可能という社内ルールが考えられます。

Ⓐ　問題となるポイント

秘密保持義務に関することと同様に、競業避止義務についても、本業と副業・兼業の業務が競合する業務ではないということに注意をしなければなりません。本業として働いている労働者に対してだけではなく、副業・兼業先として受け入れている労働者に対しても同様に注意喚起しておくことが必要になるという点は秘密保持への対策と同じです。

Ⓑ　会社として考えられる対策案

ⓐ　就業規則の定め

こちらも秘密保持義務と同様で、競業により自社の正当な利益を害する場合には、副業・兼業を禁止または制限することができるように就業規則に定めておくことが考えられます。

ⓑ　禁止される競業行為の範囲の明確化

どこまでを禁止とする競業行為とするのかということを明確にしておかなければなりません。また自社の正当な利益を害さないことが求められるということも規定しておくことが必要となります。

ⓒ　注意喚起の徹底

秘密保持義務と同様に、本業として働く社員が副業・兼業先で競業行為をしないように、ということにとどまらず、自社での業務が副業・兼業となる労働者についても、同様に注意喚起しておくことが必要です。

④　【誠実義務】

労働者には会社の名誉・信用を毀損しないなどの誠実な行動をすることが義務付けられています。したがってこの原則を遵守して行動することが求められることを、しっかり労働者に理解してもらうためにも、副業・兼業の制限、禁止の要件となることを周知しておくことが考えられます。

Ⓐ　問題となるポイント

会社の名誉・信用を損なうような行動が発覚すると大きな影響があります。会社の名誉・信用は一度損なうとそれを回復することが難しい、または回復するために多くの時間等を要することが考えられるため、そのようなことがないように確実に準備をしておくことが必要になります。

Ⓑ　会社として考えられる対策案

ⓐ　就業規則の定め

自社の名誉や信用を損なう行為や信頼関係を崩壊させる行為があった場合には、副業・兼業を禁止、または制限することができるように就業規則に定めておくことが考えられます。

ⓑ　申請ステップにおける確認

届出制や許可制で副業・兼業を認めている場合は、その申請の手続きにおいて、誠実義務違反が起こるおそれがないことを確認するステップを入れておくことなどが考えられます。業種や担当する業務内容などで不安事項があれば、個別に確認しておくことなども想定しておくと安心です。

⑵　具体的な懸念事項についても考えてみる

①　そもそも会社の情報は守れるのか

副業・兼業先として選ぶ仕事は、やはり本業と類似していることが多く、結果として関連している業界での仕事になることが多いです。そのような場合に会社は会社が守りたいさまざまな情報を確実に守ることができる状態にしておくことが大前提です。

したがって、同業他社や関連するような業種で仕事をすることは認めないというルールにするケースもありますし、本人に一定の誓約をしてもらうことで関連する業種であっても認めるということも考えられます。いずれにしても情報管理が可能な範囲であることを事前に確認しておく必要があります。

② 労働時間はどの程度になるのか

副業・兼業をすることにより結果的に対象者が長時間労働となり、会社に責任を問われることが発生してしまうというリスクがあります。この判断として、労働時間としてどの程度までを許容するか、ということが問題となるため、基準とする時間を決めることが考えられるでしょう。ここで労働時間となるのは、あくまでも副業・兼業先で「雇用」されているケースとなることが原則ですので、「雇用」なのか「非雇用」なのかという点が労働時間管理のための一つのハードルになるといえます。

③ 副業・兼業の目的を把握する必要があるか

会社で働いている時間以外の時間については、労働者本人の自由な時間ですので、その自由な時間に何をしたいのか、どのような目的をもって活動するのか、などは会社が管理する範囲ではありません。したがって、副業・兼業の目的についても把握する必要はありませんし、その目的次第で何か判断結果が異なるようなことになることも想定できません。また、会社の情報を守ることができて、長時間労働になることもない、ということであれば、そもそもの目的を会社が把握することは必須ではない、という考え方もあります。

もちろん、会社が一定の目的をもって副業・兼業を推進したいという積極的な理由があればそれを浸透させるために推奨するなどの方法は考えられます。つまり、会社側が副業・兼業の目的を明確にして、その目的に合致する場合に許可するという方法です。

POINT

◎副業・兼業に対する会社のスタンスを決めるときには、会社が考える「副業・兼業をする目的」を明確にしておくことで社内ポリシーがはっきりする

(3)　副業・兼業を禁止することはできるのか、制限することはできるのか

労働者が労働時間以外の時間に何をするか、どのように時間を利用するかということは労働者本人の自由であることが原則です。したがって、その他の時間にその他の会社で働くことについても、原則は自由であると考えられます。

このような前提があったとしても、会社は労働者が他の会社で働くことにより、会社の利益を害されることや、秩序が乱れるようなことがあることは避けたいため、一定の条件をつけたうえで、許可するという制度にすることが認められると考えられます。

そこで、考えられる条件が前述のとおりではありますが、次の場合は禁止または制限をつけることができると整理できます。

就業規則で規定する際に考えられる「原則」と「例外」は次のとおりです。

原則：労働者は副業・兼業を行うことができる。
例外：以下のいずれかに該当する場合は、副業・兼業を禁止または制限することができる。 ①　労務提供上の支障がある場合 ②　業務上の秘密が漏洩する場合 ③　競業により自社の利益が害される場合

④ 自社の名誉や信用を損なう行為や信頼関係を崩壊させる行為がある場合

⑷ 副業・兼業の申請手続きをしない労働者に懲戒処分は可能か

前述の方法のとおり、就業規則において副業・兼業を行う際に社内で申請手続きをすることを定めている会社で、その手続きを怠り無断で副業・兼業をしていた場合に、これを違反行為と認定し、懲戒処分ができるかということについては、慎重に判断しないといけないところです。形式的に就業規則の規定に抵触したとしても、実態として職場秩序に影響せず、労務提供の支障がない程度であれば、禁止違反にはあたらないと判断され懲戒処分が認められない可能性があります。

したがって、就業規則で定めている手続きをふんでいない事実だけで処分することはせず、実質的に、その手続きをしていないことによる影響範囲を確認したうえでの判断が必要です。

また、副業・兼業をすすめるにあたり、労働者と会社がお互い納得感をもってすすめることができるように、十分にコミュニケーションをとることが重要です。また、副業・兼業にかかる相談、自己申告等を行ったことにより不利益な取扱いをすることはできないということが基本的な考え方となります。

POINT

◎副業・兼業に関する社内手続きを怠っただけでは懲戒処分ができないケースも考えられる

◎副業・兼業にかかる相談、自己申告等をしたことによる不利益な取扱いはできない

⑸　具体的に考えられる要件事例

会社が認める副業・兼業制度の目的が決まることで、その要件も決めやすくなります。ただしすべての要件を具体的に決めづらくまとめられない場合は、申請があったときの個別対応になります。もちろん、個別対応で決めるという方法自体に法的な問題はありませんが、判断を重ねていくうちに不公平だと思われてしまうような判断にならないようにはしなければなりませんので、あらかじめ一定の基本要件を決めておくと安心です。

要件として、認めない要件を決めるという方法と、認める要件を決める方法が考えられます。もちろん、認めない要件は必須要件となり得ますが、認める要件は一例として例示する方法なども考えられます。

●認めない要件（例）

・競合他社、取引先等の業務は認めない
・会社の名誉・信用を損なうようなものは認めない
・企業秘密が漏洩する可能性がある場合は認めない
・安全管理に懸念があるものは認めない
・長期的なもの、期間の定めのないものは認めない
・接待を伴う飲食店の業務は認めない
・一定の業種は認めない
・反社会的勢力会社および公序良俗に反する会社の業務は認めない

●認める要件（例）

・個人のスキルアップにつながるもの

・パラレルキャリアの形成につながるもの
・多様な価値観につながるもの
・イノベーションの創出につながるもの
・家業や非営利的な性格のもの
・社会貢献につながるもの
・公益性の高いもの

労働時間に関して具体的な要件をつけることも考えられます。

労働時間の設定は、どのような判断と運用が必要なのかという点については後述しますが、雇用される副業・兼業を認める場合は、この点については要件として検討しておくことが必須です。

●労働時間に関する要件（例）

・労働時間を通算して36協定締結時間を超えないこと
・時間外労働は通算して月45時間以内であること
・時間外労働は通算して月80時間以内であること
・総労働時間が通算して月200時間以内であること
・本業の業務に支障がない範囲であること
・副業・兼業は原則休日に限る
・深夜労働は禁止

⑹ 承認・許可制にするか、届出のみとするか、届出も不要とするか

会社が定めた定義に則った副業・兼業をしたいと労働者が思った場合に、承認・許可の申請をしてもらうのか、届出をすればよいとするか、届出さえも不要とするか、という社内運用ルールを検討することが必要です。

副業・兼業の制度の目的を明確にしたうえで、一定の要件を明示するだけで届出自体を不要とすることも実現可能です。

届出自体も不要となると、だれが副業・兼業をしているのか、という情報も会社は把握しないという前提になりますので少し心配な点が残ります。したがって最低限しているかどうかだけでも把握するためには、最低限「届出」だけはしてもらうという方法が取り組みやすいかもしれません。届出のみとする場合も、届出自体も不要とする場合と同様に、あらかじめ明示している要件以上の要件を決めることはできませんので、制度設計において目的や要件をしっかり盛り込んで作成して、社内の周知を徹底しておくことがポイントです。

次に承認・許可制とする場合は、制度として明示している要件以上により具体的な一定の承認・許可を判断するポイントを決めることができると考えられます。制度として明示している要件は一義的要件としておき、許可をする段階で判断基準となる要件は、あくまでも個別事象ごとに状況をみて判断できる範囲の要件と考えられます。そもそも最初から決めている要件があるのであれば、制度として事前に明示しておくことによりトラブルを未然に防ぐことができるでしょう。

⑺　副業・兼業は認めないという選択肢について

副業・兼業を全面的に禁止することができない、という明確な根拠はありませんが、労働時間以外の時間については、会社が関与できる範囲ではないので、全従業員に対して完全に禁止することは難しいと判断できます。

フルタイム勤務の従業員が副業・兼業をすることになると、長時間労働となり結果として過重労働で本業の成果が落ちてしまうことが考えられることのほか、ロイヤリティの低下なども心配なポイントでしょう。もちろん結果的に技術やノウハウ、各種情報が流出してしまうおそれがあるという判断もあります。したがって、禁止とすること自体もフルタイム社員に限っては不可能ではないと考えられます。

しかし、多くの会社で多様な働き方への取組みがすすんでいますので、自由度が低いことが職場としての魅力低下にならないようにしなければなりません。

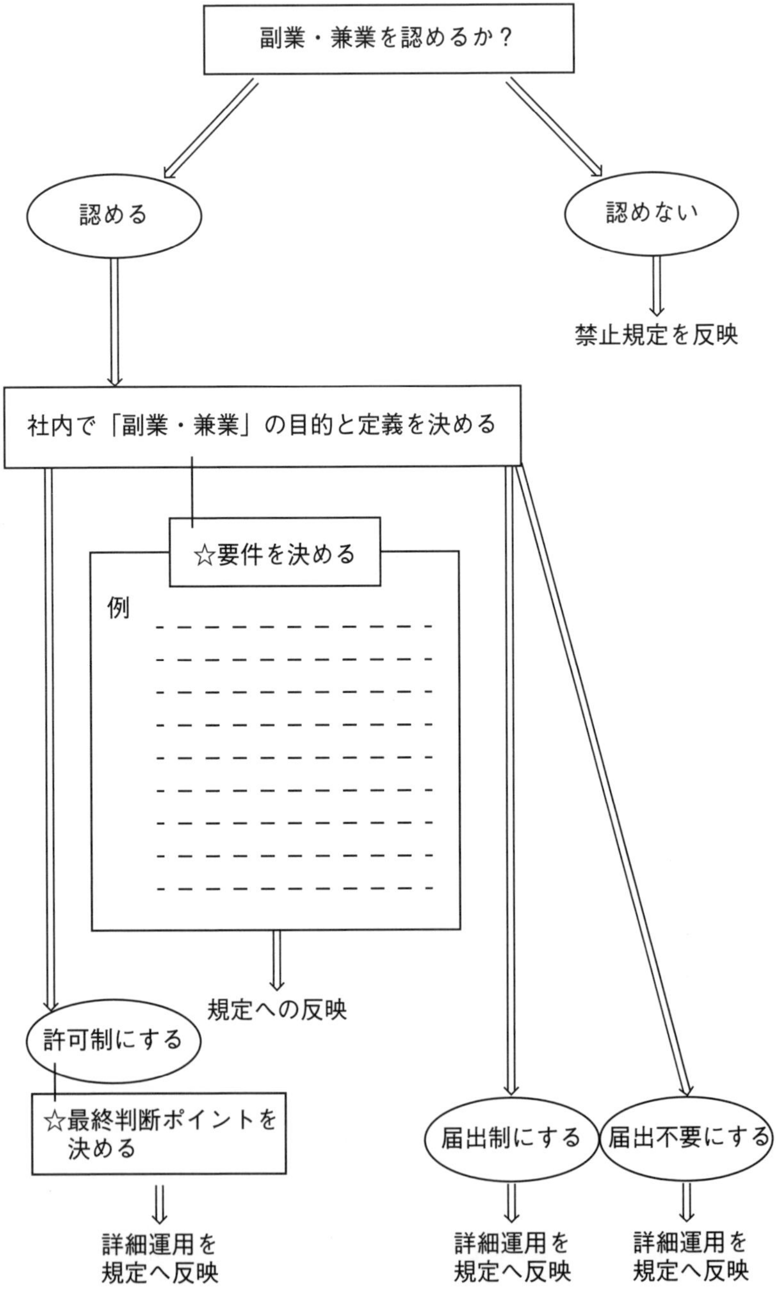
副業・兼業を認めるか？
認める
認めない
禁止規定を反映
社内で「副業・兼業」の目的と定義を決める
☆要件を決める
例
規定への反映
許可制にする
☆最終判断ポイントを決める
詳細運用を規定へ反映
届出制にする
届出不要にする
詳細運用を規定へ反映
詳細運用を規定へ反映

3 労働時間の上限時間と管理方法を決める

1 労働時間通算の原則

どのようなポリシーで制度設計するか、方向性が決まった段階で、最も大きな問題となる労働時間について検討しましょう。前提として副業・兼業先で雇用されるため、労働時間管理を避けられない場合ですので、副業・兼業先で雇用ではない場合はこの問題については、検討する必要はありません。

(1) 労働時間の通算方法の考え方

労働時間については、労働基準法38条1項で「労働時間は、事業場を異にする場合においても、労働時間に関する規定の適用については通算する」と規定されています。またこの規定における「事業場を異にする場合」という部分については、条文上は明確に定めていませんが、通達では事業主が異にする場合も含むと示されています（労働基準局長通達　昭和23年5月14日基発第769号）。

したがって、この原則に基づき、副業・兼業に限らず異なる複数の事業場で労働した場合も労働時間は通算されるという考え方に変わりはありません。

> **POINT**
> ◎労働基準法における労働時間の考え方は、場所や会社が異なっていても原則通算される

労働時間が通算されないケースは、副業・兼業先において労働基準法が適用されない場合です。具体例としては、副業・兼業先では雇用されておらず、取締役として委任契約が締結されているケースや、業務委託として仕事をしているケースなどがあります。そのほかに、労働基準法は適用されるものの、労働時間規制の適用除外となっている農業・畜産業・養蚕業・水産業の労働者や、管理監督者など労働基準法41条の適用となる対象者も労働時間が通算されることはありません。

【通算の必要がない対象者】

・労働基準法が適用されない者

　個人事業主や委任契約・請負契約等により労働基準法上の労働者でない者

(例：フリーランス、独立、起業、共同経営、アドバイザー、コンサルタント、顧問、理事、監事等)

・労働基準法の適用はされるが、労働時間規制の適用がない者

　農業・畜産業・養蚕業・水産業、管理監督者・機密事務取扱者、監視・断続的労働者、高度プロフェッショナル制度

労働基準法における労働時間として通算されないものの、本人からの自己申告により時間を把握することなどを通じて、長時間労働にならないように配慮することが望ましいとガイドラインでは示されています。

(2) 何が通算されて、何が通算されないか

労働時間は通算されるという原則がありますが、労働基準法が適用される労働者にとって労働基準法のどの規定が通算されて、その規定が通算されないのかを整理したいと思います（**図表 2-2**）。

■図表 2-2　通算の有無

内　容	通算の有無
労働基準法 32 条：法定労働時間	あり
労働基準法 36 条 4 項： 36 協定により延長できる上限時間 （時間外労働 1 か月 45 時間、年 360 時間）	なし
労働基準法 36 条 5 項： 36 協定により特別条項を設けた場合の 1 年の延長上限時間（時間外労働年 720 時間、特別条項は年 6 回まで）	なし
労働基準法 36 条 6 項 2 号、3 号： 時間外労働と休日労働の合計が月 100 時間未満、月平均 80 時間以内	あり
労働基準法 34 条：休憩	なし
労働基準法 35 条：休日	なし
労働基準法 39 条：年次有給休暇	なし

労働時間に関わる内容として、法定労働時間、時間外労働、休憩、休日、年次有給休暇がありますが、**図表 2-2** のように通算されるものは限られ、休憩、休日などは通算で考えられることはなく、年次有給休暇についても通算という概念はありません。

【労働時間通算に関する考え方（まとめ）】

・通算が適用される規定：労働基準法 32 条、36 条（一部）

自らの事業場における労働時間および他の使用者の事業場における労働時間が通算される。

また、労働基準法36条における、時間外労働と休日労働の合計で１か月100時間未満、複数月平均80時間以内という要件は、労働者一人ひとりに対して適用されるため、異なる事業場での労働時間も通算して考えられる。

・通算が適用されない規定：労働基準法34条、35条、36条（一部）、39条

34条（休憩）、35条（休日）、39条（年次有給休暇）については、労働時間の規定ではないので異なる事業場における労働時間等としての通算はされない。労働基準法36条の規定の中で、事業場単位で時間外労働等の延長時間が協定されていることから、他の事業主の事業場における労働時間が36協定に定めた延長時間の範囲内であるかどうかは問われず、通算もされない。

2 「原則モデル」と「管理モデル」

本書では原則として示されている労働時間管理の方法を「原則モデル」と命名し、ガイドラインで示されている「管理モデル」と分けて整理したいと思います。

「原則モデル」（筆者が命名した呼称）

労働時間管理に関する原則に基づき管理をする方法のことで、ガイドラインで示されている「管理モデル」と比較しながら確認するために、「原則モデル」と命名しました。

「原則モデル」は副業・兼業で働く日が少ない場合や、所定外労働時間が発生しない場合などで、各社で労働時間管理する手間が煩雑ではなければ、「原則モデル」での対応がよいでしょう。

「管理モデル」（ガイドラインで示されている）

ガイドラインで労使双方の手続き上の負担を軽減し、労働基準法に定める最低労働条件を遵守されやすくなる簡便な労働時間管理の方法として「管理モデル」という呼称で示されています。

副業・兼業を開始する前に、それぞれの事業場における労働時間の上限を定めて、それぞれの事業場における36協定の延長時間の範囲内で運用する方法のことです。

またそれぞれが労働時間の上限を定めることにより、他の事業場での実労働時間を把握しなくても労働基準法を遵守することができることが特徴です。

ただし、先に労働契約を締結した事業場での労働時間から順に通算していくことから、結果的に後から労働契約を締結した事業場に割増賃金の支給などの責任が課せられることが前提となっています。

3 「原則モデル」と「管理モデル」に共通する考え方

労働時間管理の原則である、労働時間が通算されるという考え方は、「原則モデル」でも「管理モデル」でも同じです。したがって、本業の「所定労働時間」も副業の「所定労働時間」も通算されますし、本業の「時間外労働」も副業の「時間外労働」も通算されます。

考え方は同じではありますが、通算する順序は、「原則モデル」と「管理モデル」では異なりますので、その点は後述の4と、5で説明します。

ここでは、労働時間は通算するという共通の考え方以外の共通する考え方を確認していきたいと思います。

(1) 時間外労働・休日労働に関する協定について

本業の事業場でも副業・兼業の事業場でも、それぞれで時間外労働・休日労働に関する協定（いわゆる36協定、以下「36協定」という）が締結されていて有効になっていることが前提ですが、その状況において、その事業場に属する対象労働者が副業・兼業を開始したとしても、新たに36協定を締結し直す必要はありません。

また、時間外労働を命ずる対象者が副業・兼業を行う労働者である場合であっても、それぞれの事業場の36協定で「時間外労働をさせる必要がある具体的な事由」が「副業・兼業」となるわけではなく、具体的な時間外労働の事由を記載して締結することになります。

つまり副業・兼業としての労働契約が新たに締結されたことに

よって締結済みの36協定を再締結したりする必要はありません。

36協定はその事業場に対して有効になっていますので、その事業場で働く対象者はその協定内容を遵守する必要があります。

労働者一人ひとりの労働時間については、その事業場だけで働いている人は特に気にすることはありませんが、副業・兼業を行うことにより複数事業場で働いている人については、その人の労働時間は、それぞれの事業場の労働時間を通算して結果的に時間外労働と休日労働の合計時間数が1か月100時間未満で、かつ複数月平均80時間以内[*1]でなければなりません。

つまり、会社は副業・兼業をしている人については個人単位で他の事業場の労働時間も通算した時間が時間外労働の上限規制の範囲内であるようにしなければなりません。

＊1　複数月平均とは、「2か月平均」「3か月平均」「4か月平均」「5か月平均」「6か月平均」のすべて1か月あたり80時間以内にしなければならないという意味です。

Zさんが A事業所と B事業所で働いている場合

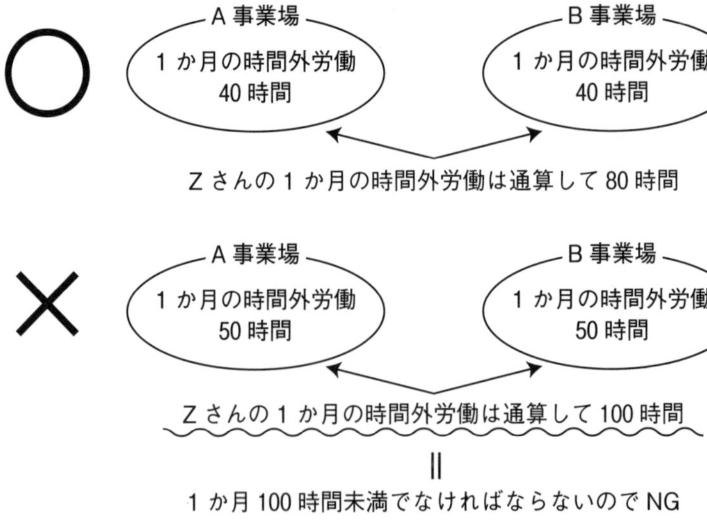

さらに具体的に確認しておきましょう。

事業場単位で36協定において1か月の時間外労働の上限時間の45時間、1年の360時間のほか、特別条項を締結している場合は、さらに特別条項における1か月、1年の上限時間を協定していますが、これらの時間についてはそれぞれの事業場で働く時間に関する上限時間となります。

したがって、一人ひとりの労働者が副業・兼業により他の事業場で働く時間を加算してカウントする必要はありません。あくまでもその事業場での労働時間だけで考えます。

一方、前に説明した「時間外労働と休日労働の合計時間数が1か月100時間未満で、かつ複数月平均80時間以内」という上限については、副業・兼業先の労働時間を通算した時間で一人ひとりに課せられている上限となりますので、要注意です。

ちなみに特別条項を発動する回数（1年6回まで）については、事業場単位でのカウントとなりますので、副業・兼業先における回数は含まれず、労働者一人ひとりのカウントは通算されません。

また、労働時間の上限規制については、労働者を使用している会社（事業主）がその上限を遵守する義務を負います。法定外の労働時間を命ずるのは会社ですので、その時間外労働をさせるに至った責任は会社にあるということになります。

POINT

◎時間外労働の上限規制「1か月100時間未満で、かつ複数月平均80時間以内」は、労働者個人の実労働時間について、その対象労働者を雇用する事業主を規制しているものであり、事業場に縛られるものではない

◎36協定で締結している1か月、1年の上限時間は、その事業場における労働時間のみでカウントし、その事業場に限っ

た制限（＝副業・兼業先の労働時間は意識しなくてよい）
◎ 36 協定における時間外労働の事由では「副業・兼業」という記載ではなく具体的な事由を記載して締結をすることが必要

⑵　起算日が異なる場合の運用方法

労働時間管理において、その起算日は重要です。１週間の法定労働時間をカウントするための起算日は就業規則等で定めていればその日からとなりますが、何も定めがないと日曜日起算となります。週の労働時間の起算日のほか、月の労働時間の起算日もフレックスタイム制など労働時間管理の方法によっては必要となります。

原則モデルでは、週の労働時間の起算日または月の労働時間の起算日が自らの事業場と他の使用者の事業場とで異なる場合についても、自らの事業場の労働時間制度における起算日をもとに、そこから起算した各期間における労働時間を通算する、と示されています。

つまり、副業・兼業先の労働時間管理の起算日が本業と異なっても、本業の労働時間制度の起算日で算出してよいわけですので、副業・兼業先の起算日は意識する必要がないということになります。

一方、管理モデルでは、月の労働時間の起算日が異なる場合は、各々の事業場の労働時間制における起算日をもとに、そこから起算した１か月における労働時間の上限をそれぞれ設定することにして差し支えない、と示されています。

つまり、管理モデルを活用することにして取り決めた１か月の労働時間の上限は、それぞれの事業場の起算日でカウントすればよい、ということですので、この場合も副業・兼業先の起算日を意識する必要はないということになります。

⑶ 休日、休憩、年次有給休暇について

休日、休憩、年次有給休暇に関する規定は、通算されるという考え方はありません。

したがって、休日の確保、休憩の確保、年次有給休暇の付与などはそれぞれの事業場でそれぞれの労働条件に応じて対応しなければなりません。

まず、休日について考えてみましょう。

法定休日は週1日または4週4日与えなければならないという規定ですが、休日に関する規定は通算されませんので、法定休日はそれぞれの事業場の起算日でそれぞれに与えていればよいという考え方となります。

つまり、本業の会社での法定休日が日曜日であって、その会社の仕事は日曜日にはしておらず、休んでいれば法定休日が与えられている状態となります。

しかし、副業・兼業の仕事は本業の会社の法定休日である日曜日だとします。その場合、副業・兼業の会社にとってはその日曜日は所定労働日であり、法定休日でなければ通常の所定労働日に勤務しているという扱いで問題ありません。

ただし、副業・兼業の所定労働時間が労働時間の通算により結果的に時間外労働時間となることはありますので、本業と副業・兼業を通じて時間外労働・休日労働の通算労働時間の規制（1か月100時間未満で、かつ複数月平均80時間以内でなければならない）はかかります。

次に、休憩について考えてみましょう。

例えば本業で6時間勤務をしていれば休憩時間は付与しなくてもよいですが、本人は本業の終業時刻後に引き続き、副業・兼業先で労働するかもしれません。しかし、それを加味して本業が休憩を付与する義務はありません。

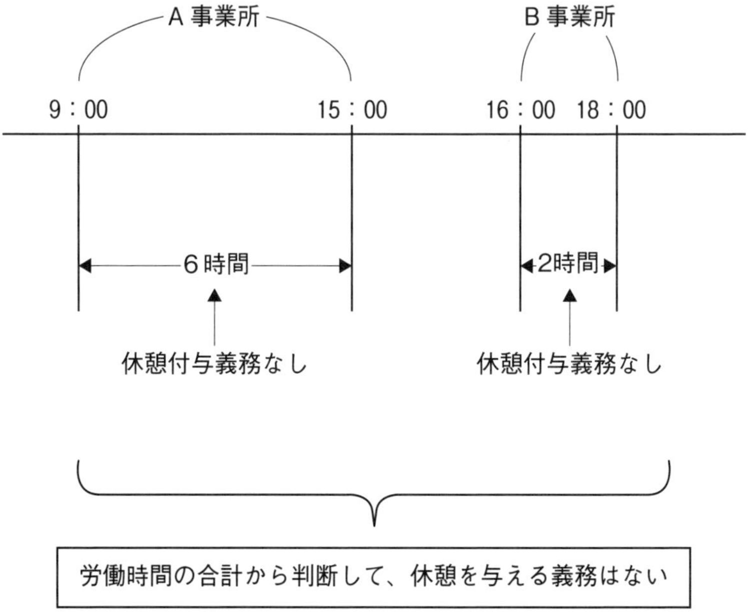

最後に、年次有給休暇について考えてみましょう。

例えば本業で年次有給休暇を取得したあとに、副業・兼業先で２時間勤務した場合に、本業の年次有給休暇の時間相当が労働したとみなされて通算されないかという疑問があるかもしれません。しかし、そもそも年次有給休暇を取得した場合は、実際に労働していないので、実労働時間としてカウントされることはありません。年次有給休暇を取得した時間は単に賃金が発生する時間であるにすぎません。また年次有給休暇が通算されることはなく、それぞれの事業場でそれぞれに付与されてそれぞれで取得するものとなります。

【参考】

●労働基準法 34 条

使用者は、労働時間が６時間を超える場合においては少くとも45分、8時間を超える場合においては少くとも1時間の休憩時間を労働時間の途中に与えなければならない。

●労働基準法35条

使用者は、労働者に対して、毎週少くとも1回の休日を与えなければならない。

2 前項の規定は、4週間を通じ4日以上の休日を与える使用者については適用しない。

(4) 有害業務、年少者について

労働時間は通算されるという原則に基づき、特別に規定されている有害業務の労働時間上限規制、年少者の労働時間、妊産婦の労働時間についても、労働時間は通算されます。

有害業務については、特別な上限規制があり、1日の法定労働時間に2時間を加えた時間が上限とされています。この有害業務が異なる事業場における有害業務の時間も通算されることになります。

年少者については、労働基準法60条で定められていますが、こちらも原則どおりに通算されます。さらに、妊産婦についても、労働基準法38条1項の規定により、異なる事業場における労働時間は通算されます。

POINT

◎労働時間の通算の考え方、通算されない法定休日などの規定など、基本となる考え方は「原則モデル」でも「管理モデル」でも共通するものとなる

【参考】

●労働基準法36条6項

使用者は、第1項の協定で定めるところによって労働時間を延長して労働させ、又は休日において労働させる場合であっても、次の各号に掲げる時間について、当該各号に定める要件を満たすものとしなければならない。

一　坑内労働その他厚生労働省令で定める健康上特に有害な業務について、1日について労働時間を延長して労働させた時間　2時間を超えないこと。

二　1箇月について労働時間を延長して労働させ、及び休日において労働させた時間　100時間未満であること。

三　対象期間の初日から1箇月ごとに区分した各期間に当該各期間の直前の1箇月、2箇月、3箇月、4箇月及び5箇月の期間を加えたそれぞれの期間における労働時間を延長して労働させ、及び休日において労働させた時間の1箇月当たりの平均時間　80時間を超えないこと。

●労働基準法60条2項

第56条第2項の規定によって使用する児童についての第32条の規定の適用については、同条第1項中「1週間について40時間」とあるのは「、修学時間を通算して1週間について40時間」と、同条第2項中「1日について8時間」とあるのは「、修学時間を通算して1日について7時間」とする。

●労働基準法66条1項、2項

使用者は、妊産婦が請求した場合においては、第32条の2第1項、第32条の4第1項及び第32条の5第1項の規定にかかわらず、1週間について第32条第1項の労働時間、1日について同条第2項の労働時間を超えて労働させてはならない。

2　使用者は、妊産婦が請求した場合においては、第33条第

1項及び第3項並びに第36条第1項の規定にかかわらず、時間外労働をさせてはならず、又は休日に労働させてはならない。

⑸ 労働基準法40条の特例対象事業場に該当する事業場の取扱い

労働基準法40条の特例対象事業場*2に該当するため、法定労働時間が週44時間で運用している事業場と通算をする場合は、それぞれの事業場における法定労働時間を超えるかどうかで判断することになります。

つまり、法定労働時間が週44時間である事業場であっても、特に考え方が変更になることはなく、対象となる事業場の法定労働時間が異なるだけです。

＊2 特例措置として週44時間まで認められている事業場は、労働者が10人未満で業種が商業、映画・演劇業、保健衛生業、接客娯楽業に限られています（労働基準法施行規則25条の2）。ここでいう業種は労働基準法別表第1に掲げる分類により、また規模については、企業全体の規模ではなく、支店や営業所などの個々の事業場ごとの規模をいいます。

例：A事業場　法定労働時間　週40時間（先に労働契約締結）
B事業場　法定労働時間　週44時間　　の場合

○A事業場で週30時間、B事業場で週15時間の所定労働時間がある場合

→B事業場では45時間となるため、1時間の割増賃金が必要

対象労働者の労働時間は通算すると45時間となるため、A事業場にとっての法定労働時間を5時間超えていますが、A事業場の労働時間は法定労働時間である週40時間は超えていないので、またA事業場で時間外労働を命じているわけではないので、A事業場では割増賃金の支払いは不要となります。

4 「原則モデル」の考え方

(1) 「原則モデル」：労働時間通算の考え方

２以上の事業場で働いたときには、それぞれの労働時間が通算されます。ではどのような順に通算していくことで、どのタイミングからが法定労働時間を超えると判断すればよいのか、「原則モデル」で考えてみましょう。

【通算する順序】
１　労働契約を締結した順に「所定労働時間」を通算する
２　所定外労働時間の発生順に「所定外労働時間」を通算する

法定労働時間は１日８時間、週40時間と定められていることから、通算する時間も１日単位、週単位となります。またフレックスタイム制を導入している場合は、結果として月単位の総合計でもチェックしていく必要が出てきます。

簡単な具体例で考えてみましょう。

先に労働契約を締結している事業場の１日の所定労働時間が８時間だった場合、後から労働契約を締結する事業場の所定労働時間は何時間であっても、すべて時間外労働となるため、すべての労働時間に対して割増賃金の支給が必要となります。

たとえそれぞれの所定労働時間を通算して８時間以内だったとしても、少しでも所定外労働時間が発生したらすぐに割増賃金が発生してしまう可能性はあります。

つまり、後から契約した労働契約の労働時間は、割増賃金が必要となる可能性が高いといえます。

このように労働時間の通算は、主に後に契約締結したほうに通算した後の責任が課せられていますが、これは、後から契約した会社のほうに予測可能性があるため、と考えられます。先に契約していた会社は、その後に契約した労働契約内容を把握できないわけですから、自然と予測可能性が高いほうに労働基準法上の責任を多く負わせるという流れになっていると理解しておきましょう。

POINT

◎後から労働契約を締結している事業場は、それ以前に契約している労働契約の内容について予測して対応することが求められる

① 先に労働契約を締結している会社での所定労働時間

＋

② 後に労働契約を締結している会社での所定労働時間

所定労働時間を合計したこの時点ですでに法定時間外労働が発生すれば、後契約の会社が割増賃金の支払い義務を負う。

＋

③ 対象となる日の所定外労働時間が発生した時間が発生した順に加算

所定外労働時間までを通算した結果、時間外労働が発生していれば所定外労働が行われた順（時間的に早い順）に通算して、法定外になった時間に対して割増賃金の支払いが必要となる。

事例１：【原則モデル】所定労働時間の通算
（法定労働時間を超えない範囲）

同じ日に本業（先契約のＡ事業場）と副業（後契約のＢ事業場）で働くパターンですが、２社の所定労働時間を通算しても法定労働時間を超えない事例です。

この場合は、いずれも割増賃金を払う必要がありません。

先に労働契約を締結したＡ事業場
後に労働契約を締結したＢ事業場

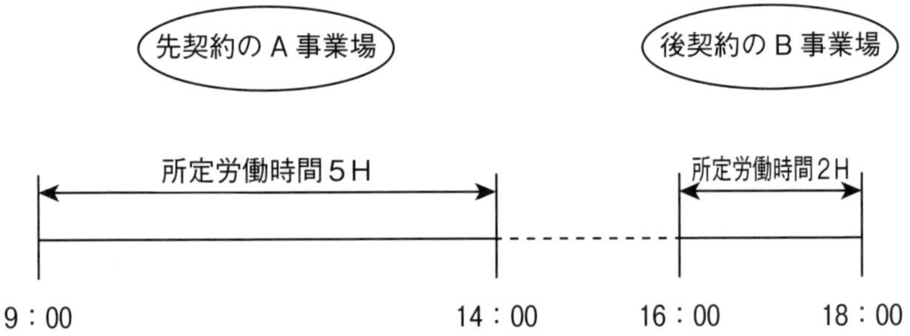

５Ｈ+２Ｈ＝７Ｈ＝法定労働時間を超えない

事例２：【原則モデル】所定労働時間の通算
（法定労働時間を超えない範囲の所定外労働がある場合）

事例１と同じ条件で所定労働時間を超えて労働させた場合の事例です。本業（先契約のＡ事業場）で所定外労働を0.5時間した場合ですが、通算した所定労働時間が７時間のため、所定外労働の0.5時間を通算しても法定労働時間を超えることがないので、Ａ事業場の所定外労働時間は割増賃金である必要はありません。

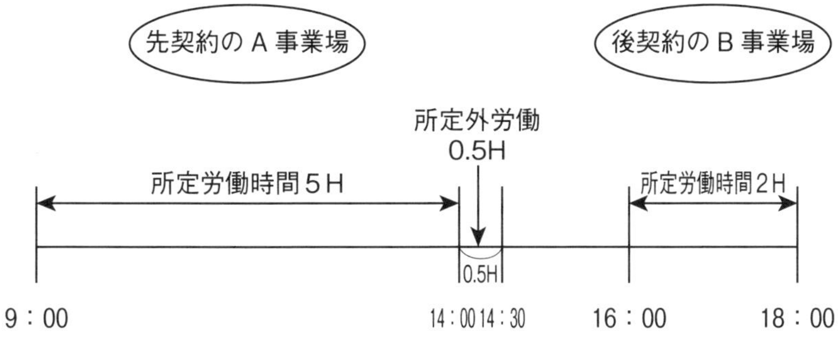

５Ｈ+２Ｈ+0.5Ｈ＝7.5Ｈ＝法定労働時間を超えない

事例３：【原則モデル】所定労働時間の通算
（法定労働時間を超える場合①）

事例1、2とは異なり、本業（先契約のＡ事業場）と副業（後契約のＢ事業場）の所定労働時間を合計した段階で、法定労働時間を超える事例です。この場合、後契約であるＢ事業場の所定労働時間のうち、1時間は割増賃金の支払いが必要となります。

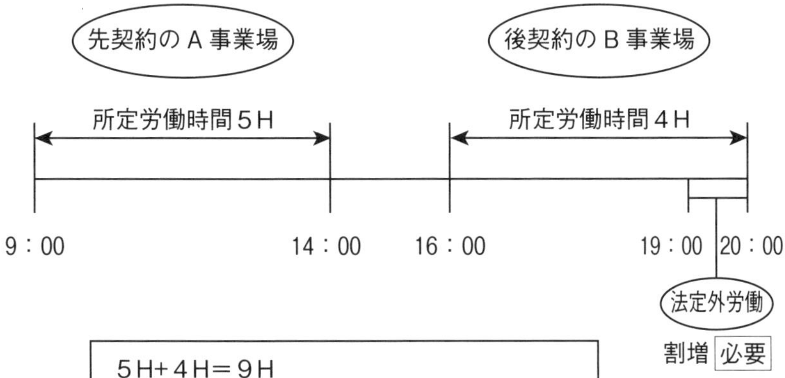

５Ｈ+４Ｈ＝９Ｈ
↑
内１ＨはＢ事業場が負担する割増手当

事例４：【原則モデル】所定労働時間の通算
（法定労働時間を超える場合②）

　事例３と同じ労働時間数ではあるものの、実際の所定労働時間の時間帯が、副業（後契約のＢ事業場）が先で、本業（先契約のＡ事業場）が後の事例です。事例３と同じように合計すると法定労働時間を超えるので後契約のＢ事業場での１時間分は割増賃金の支払いが必要です。その日の中で、働く順序はＢ事業場のほうが先ではありますが、あくまでも後契約の事業場の所定労働時間があとから通算されることに変更はなく、結果的にＢ事業場での所定労働時間は割増賃金が必要となりその負担はＢ事業場となります。

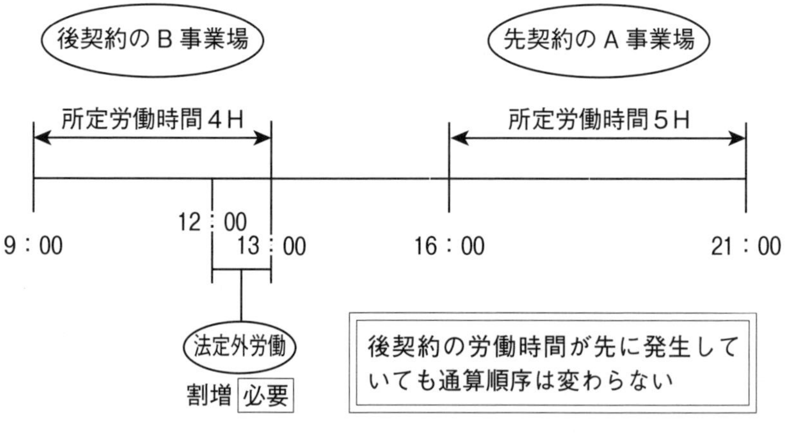

５Ｈ+４Ｈ＝９Ｈ
↑
内１ＨはＢ事業場が負担する割増手当

事例５：【原則モデル】所定外労働時間の通算①

　所定労働時間を通算しても法定労働時間に収まるものの、それぞれに所定外労働がある事例です。本業（先契約のA事業場）での所定外労働までを通算した段階では、法定労働時間を超えないため、A事業場の所定外労働は割増賃金の支払いは不要ですが、B事業場の所定外労働まで通算すると法定労働時間を超えるため、この1時間分は割増賃金の支払いが必要となります。

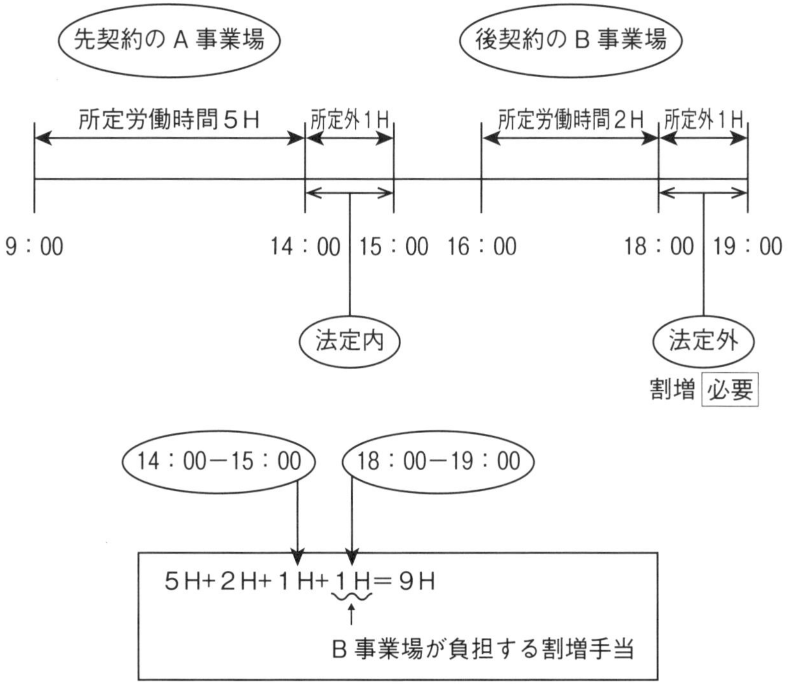

事例6：【原則モデル】所定外労働時間の通算②

事例5と同じ労働時間数ではあるものの、実際の所定労働時間の時間帯が、副業（後契約のB事業場）が先で、本業（先契約のA事業場）が後の事例です。この場合、所定労働時間はA事業場、B事業場の順で通算されますが、所定外労働時間はその発生順に通算しますので、先に発生したB事業場の所定外労働は法定内のため割増賃金は不要ですが、その後に発生したＡ事業場の所定外労働は法定外となり、割増賃金の支払いが必要となります。

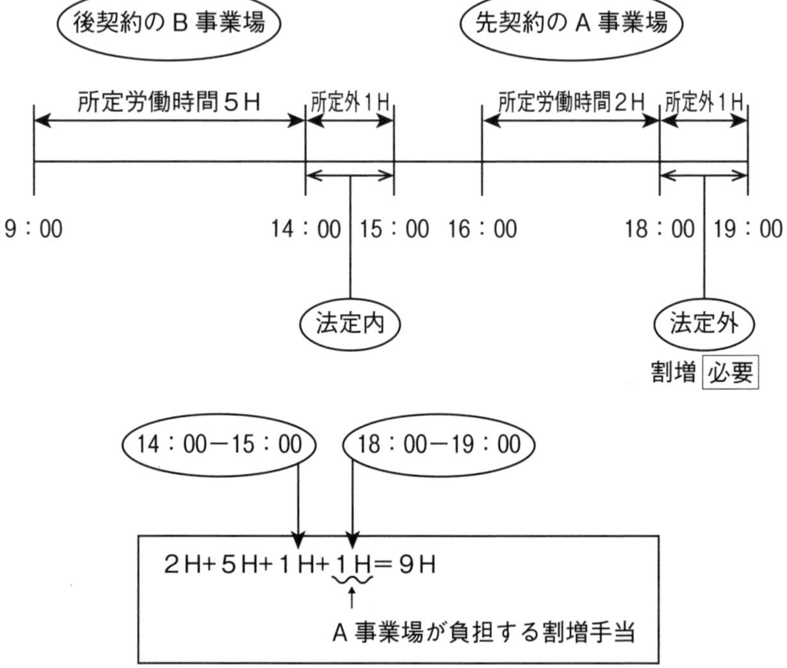

事例７：【原則モデル】所定外労働時間の通算③

事例５と所定労働時間は同じ設定ですが、Ａ事業場で所定外労働が発生した事例です。所定労働時間は先に２社分が通算されて、その後に所定外労働が通算されるルールですので、Ａ事業場の所定外労働のほうがＢ事業場の所定労働時間よりも早く発生していますが、Ａ事業場で発生した所定外労働時間のうち法定労働時間を超える時間については、割増賃金の支払いが必要となります。

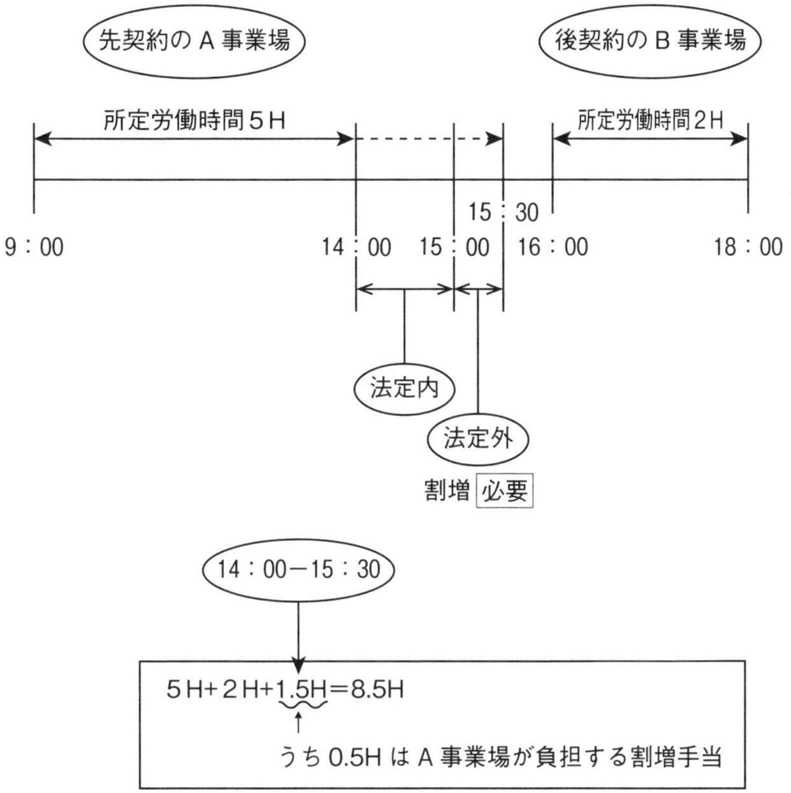

⑵ 「原則モデル」：管理するために必要な情報

副業・兼業の申し出があった際に、会社は対象となる労働者に対して副業・兼業を始める前に確認しておくべきことがあります。

副業・兼業先で労働契約を締結する場合は、原則労働時間は通算されますので、その場合はより詳細事項を確認しておきましょう。

【最初に確認するべきこと】

・副業・兼業先の事業内容
・対象となる労働者が副業・兼業先で従事する業務内容
・労働時間が通算される対象となるのか否か
（管理監督者なのか、労働時間管理の方法など）

【労働時間が通算される対象となる場合に確認するべきこと】

・副業・兼業先の労働契約の締結日、期間
・副業・兼業先の所定労働日、所定労働時間、始業・終業時刻
・副業・兼業先の所定外労働時間の有無、見込み時間数、最大時間数
・これらの事項について確認を行う頻度

⑶「原則モデル」：労働時間の把握方法

労働時間は通算されるという原則に基づき、本業と副業・兼業先の労働時間は日々通算されていくことになりますので、会社はどのタイミングでどの程度の情報をどのように管理をすればよいかという点が気になります。

ガイドラインでは、他の使用者の事業場における労働時間は、「労働者からの申告等により把握」するとされています。ここでいう、「労働者からの申告等」とは、申告や届出その他労働者を通じた確認ということが想定されています。ガイドライン以外でも、解釈通達（基発0901第３号）では、自らの事業場における労働時間と労働者からの申告等により把握した他の使用者の事業場における労働時間とを通算することによって行うこと、と示されています。

ガイドラインでは副業・兼業先である他社での労働時間の把握については、「労働者からの申告」でよいと示されているほかに、さらに「使用者の事業場における実労働時間は、労働基準法を遵守するために把握する必要があるが、把握の方法としては、必ずしも日々把握する必要はなく、労働基準法を遵守するために必要な頻度で把握すれば足りる」と示されています。したがって、時間外労働の上限規制の遵守などに支障がなければ次のような方法が可能であると、具体例が示されています。

●一定の日数分をまとめて申告等させる（例：１週間分を週末に申告）

●所定労働時間どおり労働した場合には申告等は求めず、実労働時間が所定労働時間どおりではなかった場合のみ申告等させる（例：所定外労働があった場合等に申告）
●時間外労働の上限規制の水準に近づいてきた場合に申告等させる

もともと会社の管理下ではない所定労働時間以外の時間帯で副業・兼業をしていることからも、他社での労働時間については、対象労働者本人からの申告以外に確実に把握する方法は考えにくいです。したがって、労働者からの申告をどの程度の頻度で受領するかということを事前に決めて運用するという方法になることは自然なことだとも考えられます。

結果的に過労等により業務に支障をきたさないようにする観点から、労働者本人からの申告などにより労働時間を把握して長時間にならないように配慮することが望ましいと示されていますので、健康管理の観点からも把握する方法は具体的に検討することが必要です。

POINT
◎副業・兼業先での労働時間は、労働者からの自己申告等により把握する
◎自己申告の方法は時間外労働の上限規制が遵守できていれば一定期間分をまとめて申告する方法などでも可

労働者が自ら本業および副業・兼業の労働時間や健康状態を管理できるアプリ「マルチジョブ健康管理ツール」を厚生労働省が開発しています。

このアプリの周知をすることなども考えられる運用の一つです。

■「マルチジョブ健康管理ツール」

あらかじめ設定しておくと、週40時間を超えた場合や時間外労

働が月80時間を超えた場合などに通知が来るような機能もあります。実際に超過した場合に通知する機能だけではなく、勤務シフトを登録しておくと翌日のシフト分を加算して超過予測の通知まで設定することができたり、先月と先々月の時間を加味して、平均80時間を超過する際に通知がくるような設定も可能です。

その他にも、健康情報を登録することなどもでき、健康データをグラフで確認することやメタボ診断までできる機能があります。

出典：厚生労働省のマルチジョブ健康管理ツール
(https://www.mhlw.go.jp/content/11200000/000758763.pdf)

⑷ 「原則モデル」：法定労働時間（週40時間）超、法定休日の考え方

法定労働時間は、１日８時間、週40時間と定められています（労

働基準法32条)。

この法定労働時間を超えているかどうかを確認するときに、1日8時間という制限については、日単位の確認ですので迷いが少ないですが、週40時間という制限の確認方法を考えてみましょう。

まず、週の労働時間を確認するためには、起算日をはっきりさせておく必要があります。

それぞれの事業場では、1週間の労働時間を管理するために、起算日を決めているはずです。労働時間は通算されるものの、起算日はその事業場で決めている起算日でよく、その起算日からの1週間の労働時間を通算して判断することになります。

つまり、週の労働時間を算出するためには、起算日は自らの事業場の起算日を活用し、1週間の労働時間は事業場が異なる労働時間も通算して算出する、という手順となります。

［例］A事業場がチェックしなければいけないこと
A事業場　起算日　日曜日
B事業場　起算日　水曜日
↓
A事業場の日曜日から土曜日の労働時間の合計を1週間の労働時間とする。さらにB事業場で働いた日曜日から土曜日の時間も加算して算出する。(B事業場で定めている起算日は関係ない)

次に、法定休日における労働時間はどのように考えればよいでしょうか。

法定休日の労働は、36協定の締結がされていて就業規則で休日労働を命ずることがあるという規定があることが根拠となり、可能になります。したがって、対象となる事業場において36協定が締結されていて、その範囲内で働かせるのであれば、会社は休日労働を命ずることができます。

つまり、各事業場単位でそれぞれに36協定と就業規則を根拠に休日労働を命ずることができる環境がそろっているといえるため、副業・兼業先である他の会社との労働契約における休日労働命令については、関知しない範囲です。

またそもそも、事業場単位で「法定休日」かどうかも判断されますので、当該事業場以外で「法定休日」とされる日の労働かどうかも、会社が判断する範囲ではないと整理します。

しかし、前述のとおり時間外労働と休日労働の合計で１か月100時間未満、複数月平均80時間以内でなければならないという要件は、労働者一人ひとりにかかる制限であることに変わりはありません。

したがって、他の事業場における法定休日に当該事業場で労働を命じていたとしても、当該事業場では法定休日にあたらなければ、時間外労働として取り扱うことになります。

POINT

◎法定休日における労働時間かどうかは、その事業場において法定休日であれば休日労働となるが、他の事業場における法定休日の労働かどうかは考慮しなくてよい

◎労働時間自体は通算されるため、副業・兼業先で休日労働とカウントされた時間も当然に通算して考えなければならない

⑸　「原則モデル」：労働時間管理が異なるケースの考え方

本業の会社で行っている労働時間管理方法と副業・兼業先での労働時間管理方法が異なることが考えられます。労働時間管理の方法は、変形労働時間制、フレックスタイム制、裁量労働制などいくつもあるため、労働時間は通算されるものの、どのような管理が必要になるのか、という点を整理しておきましょう。

「原則モデル」では労働時間の通算方法は、労働契約の締結順に「所定労働時間」を通算し、その後は実際に発生した順に「所定外労働時間」を通算することになっています。

そこで、「所定労働時間」を「固定的なもの」、「所定外労働時間」を「変動的なもの」と捉えて通算していく考え方がガイドラインで示されています。

所定労働時間	→	固定的なもの
所定外労働時間	→	変動的なもの

労働時間管理の方法ごとに、「固定的なもの」「変動的なもの」を整理していくと、**図表 2-3** のとおりです。

■図表 2-3　労働時間制度ごとの考え方

	固定的なもの	変動的なもの
変形労働時間制	所定労働時間	所定外労働時間 （所定労働日における所定外労働と、所定休日における労働時間の両方）
事業場外みなし労働時間制	所定労働時間	所定労働日のうち、結果的に1日の所定労働時間を超える時間がみなし時間となった場合の所定労働時間を超えた時間 また、所定休日の場合は、その日のみなし時間 （いずれも「業務の遂行に通常必要とされる時間」労働したものとみなされる時間）
裁量労働制	所定労働日におけるみなし労働時間	所定休日における労働時間

出典：厚生労働省「副業・兼業の促進に関するガイドライン」Q ＆ A より作成。

労働時間管理の方法が異なっても、「固定的なもの」を「所定労働時間」と読み替えて通算し、また、「変動的なもの」を「所定外労働時間」と読み替えて、通算していくことになります。

以下の事例では、本業を先に労働契約を締結した事業場、副業を後に労働契約を締結した事業場とします。

例１

本業：１か月単位の変形労働時間制
副業：通常の労働時間管理

⬇

本業の所定労働時間
＋　副業の所定労働時間
＋　本業の所定外労働時間と副業の所定外労働時間を発生した順に加算

例２

本業：通常の労働時間制
　　　ただし一部事業場外みなし労働時間制も採用
副業：通常の労働時間管理

⬇

本業の所定労働時間
＋　副業の所定労働時間
＋　本業の所定外労働時間と、本業の事業場外みなし労働時間制で所定時間を超えた時間と副業の所定外労働時間を発生した順に加算

例3

本業：裁量労働制

副業：通常の労働時間管理

⬇

本業の所定労働日におけるみなし労働時間

＋　副業の所定労働時間

＋　本業の所定休日における労働時間と副業の所定外労働時間を発生した順に加算

(6) 「原則モデル」：フレックスタイム制における「固定的なもの」「変動的なもの」の考え方

フレックスタイム制とは、一定の期間（清算期間*3）における総労働時間（原則として、1日の所定労働時間×清算期間の所定労働日数）を定めて、その時間数の範囲で始業時刻・終業時刻を労働者に委ねる制度です。

＊3　清算期間は、1か月が上限とされていましたが、2019年4月1日施行の法改正により3か月まで上限が延長されました。ただし、1か月を超える期間とする場合は、締結した労使協定を労働基準監督署へ届出する必要があるほか、時間外労働手当の支給方法などに制限があります。清算期間を1か月とする場合であっても、フレックスタイム制の導入には就業規則で定めることと労使協定の締結（労働基準監督署への届出は不要）が必要です。

フレックスタイム制は、日々の労働時間が固定的ではないため、副業・兼業がある場合は、他社の状況を把握することが困難になります。本業の事業場においてフレックスタイム制で管理していて、副業・兼業先の事業場ではフレックスタイム制ではなく、通常の労働時間管理をする場合に、どのように労働時間を通算して考えていけばいいかを整理してみます。

［前提］
本業（先に労働契約を締結）：フレックスタイム制
副業（後に労働契約を締結）：通常の労働時間管理

フレックスタイム制の本業の事業場では、日々の労働時間が固定的ではなく予見可能性がない状態です。したがって、1日・1週間の所定労働時間の総枠を法定労働時間である1日8時間、1週40時間と仮定して、その「法定労働時間」を「固定的な労働時間」とします。

次に、フレックスタイム制ではない副業・兼業先における所定労働時間等の「固定的な労働時間」を「法定外労働時間」として通算します。

さらに副業・兼業先における所定外労働時間等の「変動的な労働時間」を「法定外労働時間」として通算します。

最後に、本業の事業場における清算期間（1か月など）における法定労働時間の総枠を超えた時間を通算します。

つまり、本業がフレックスタイム制であれば、各月の法定労働時間（30日の月は171時間、31日の月は177時間、28日の月は160時間。1時間未満は端数切り捨て）が固定的な労働時間として最初にセットされて、副業・兼業における「所定労働時間」は最初から法定外労働時間として通算されることが前提となります。

したがって、副業・兼業先では実態として実労働時間が法定内に収まる可能性があっても、すべてが法定外労働時間となるため、36協定の締結、割増賃金の支払いが必要となります。

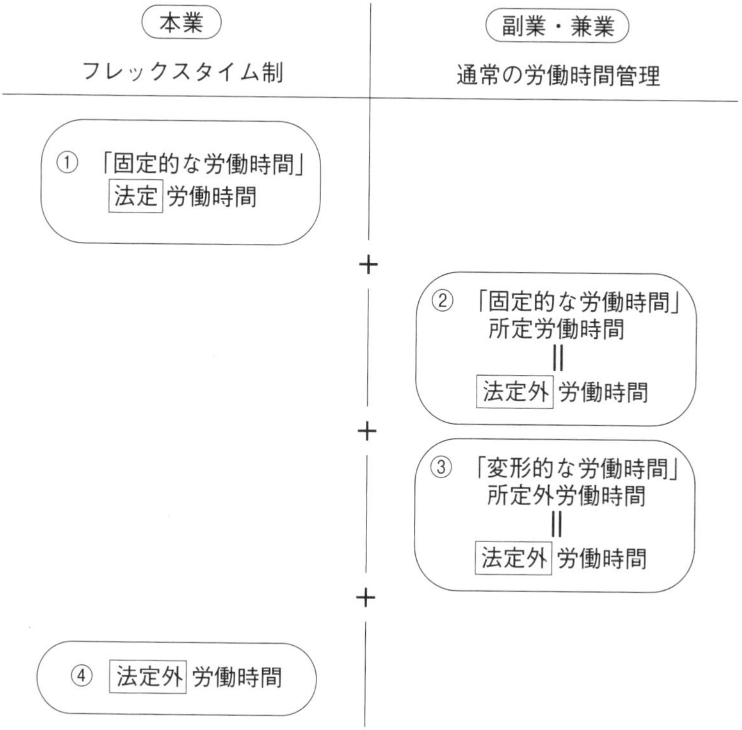

本業（先に労働契約を締結）の会社の労働時間管理の方法がフレックスタイム制ではなく、通常の労働時間管理（1日8時間、週40時間）であれば、この原則モデルにおいては、

本業の「所定」労働時間 ＋ 副業の「所定」労働時間 ＋ 所定外労働時間を発生した順に加算

という流れで通算されますので、副業の労働時間も法定内の労働時間に収まる可能性がありますが、フレックスタイム制の場合は「所定」労働時間ではなく、「法定」労働時間の総枠からスタートする

ことになりますので、副業は「必ず」法定外労働時間になる、ということです。

副業・兼業先の事業場で、本業における日ごとの労働時間を把握していて、本業を副業・兼業の労働時間に通算しても、法定労働時間の枠に収まる部分が明確になっている場合は、副業・兼業先における時間外労働という扱いにせず、割増賃金を支払わなくても差し支えないとガイドラインで示されています。

ただしこれはあくまでも、「副業・兼業先の事業場で、本業における実際の日ごとの労働時間を用いて労働時間を通算している場合」に限られてフレックスタイム制の清算期間の範囲内ですべてその方法で管理している場合に限り対応できることです。労働者からの申告が８時間未満であれば実労働時間で通算し、８時間超であれば８時間として仮に通算するなどの方法は認められません。

つまり、フレックスタイム制であっても日々の実労働時間を管理していて法定労働時間の枠内であることが確認できるのであれば、法定外労働としなくてもいい、ということです。

そもそもフレックスタイム制を導入しているにもかかわらず、日ごとの労働時間を把握して副業・兼業の労働時間との通算をタイムリーに行うということは現実的ではないと思いますので、フレックスタイム制で副業・兼業をする場合は、副業・兼業先ではすべて法定外労働時間（つまり割増賃金が必要）となると考えておかなければなりません。

そもそも本業の月の所定労働時間が法定労働時間ギリギリではなくもっと短い時間（例えば、１日７時間、休日数が多いなど）であったとしても、フレックスタイム制を導入している限り、本業の労働時間の枠は「法定労働時間」で固定となるため、副業・兼業で必要な時間外労働に対する割増賃金を考えると、フレックスタイム制を導入している会社が副業・兼業を認めたとしても、副業・兼業先が拒否する（割増賃金の負担が困難なため）というケースもあるかもしれません。

もちろん、これらの前提はあるものの、管理モデルを活用して、それぞれの時間外労働の上限をあらかじめ明確にしておくことにより、労働時間管理は簡易にはなると思います。

(7) 「原則モデル」：フレックスタイム制の清算期間が１か月を超える場合

フレックスタイム制の清算期間が1か月を超える場合（3か月以内まで）は、毎月週50時間を超える労働時間と、清算期間を通じて法定労働時間の総枠時間を超える労働時間が法定時間外労働となるため、清算期間の最終月とそれ以外の月では時間外労働のカウント方法が異なります。したがって、副業・兼業先との労働時間を通算することにより算出する際には、次の流れで通算をしていくことになります。

まず、清算期間の最終月以外の月は、週平均50時間を前提とした月の労働時間（50時間×当該月の暦日数÷７日）を「固定的な労働時間」とします。

次に、フレックスタイム制ではない副業・兼業先における当該月の所定労働時間を「固定的な労働時間」として通算します。

さらに、副業・兼業先における当該月の所定外労働時間を「変動的な労働時間」として通算します。

そしてその月の最後に本業における労働時間のうち週平均50時間を超過した時間を「変動的な労働時間」として通算します。

清算期間の最終月は、週平均50時間を前提とした月の労働時間（50時間×当該月の暦日数÷７日）であって、かつ清算期間における法定労働時間の総枠の範囲内の労働時間を「固定的な労働時間」とします。

次に、フレックスタイム制ではない副業・兼業先における最終月の所定労働時間を「固定的な労働時間」として通算します。

さらに、副業・兼業先における最終月の所定外労働時間を「変動的な労働時間」として通算します。

そしてその月の最後に本業における労働時間のうち週平均50時間を超過した時間と、清算期間における法定労働時間の総枠を超えた労働時間（ただし、最終月以外の月で週平均50時間を超える時間としてカウントした時間は除く）を「変動的な労働時間」として通算します。

⑻　「原則モデル」：月60時間超の割増賃金の考え方

時間外労働に対する割増賃金の率は、当然ですがそれぞれの会社の就業規則等で定められた率で算出して支給することになります。この原則のもと、どの時間帯に対して割増の賃金が必要な時間となるのかを個別に判断していくことが必要となります。

また、時間外労働が60時間超になると割増率が25％以上ではなく50％以上となることから、どの時間が60時間超となるのか、ということも判断に必要となってきます。

■月60時間超の割増賃金とは

労働基準法37条１項により、１日８時間、週40時間の法定労働時間を超えた時間は２割５分以上５割以下の範囲内で割増賃金を支払わなければならないと定められています。また延長時間が月60時間を超えた場合は、その超えた時間の労働については５割以上の割増賃金を支払う必要があると定められています。ただしこの60時間超の定めについては、現時点では大企業に適用されていて、中小企業については2023年４月から適用されます。本書では、中小企業も適用される2023年４月改正を先取りして、この割増率に対応しなければならないことを前提として、留意事項を記載していきます。

ガイドラインでは、「所定外労働の発生順によって所定外労働時間を通算して、自らの事業場の労働時間制度における法定労働時間を超える部分が1か月について60時間を超えた場合には、その超えた時間の労働のうち自ら労働させた時間については、5割以上の率」と示しています。

つまり、原則モデルの考え方により労働時間を1日単位で通算して時間外労働を算出し、さらにそれを1か月単位でも通算して時間外労働の合計を算出していくことが必要となり、さらにその結果60時間を超えた時間帯に対しては割増率が50%となるというわけです。そして、その60時間を超えた時間帯に働くことを命じていた会社のほうがそれを負担するという考え方になります。

	先契約A事業場		後契約B事業場	
	所定	所定外	所定	所定外
1日（月）	5H	2H	3H	1H
2日（火）	5H	2H	3H	1H
3日（水）	5H	2H	3H	1H
4日（木）	5H	2H	3H	1H
5日（金）	5H	3H	3H	2H
…（土）	（休日）	⋮	（休日）	⋮
…（日）	（休日）	⋮	（休日）	⋮
26日（金）	⋮	2H	⋮	1H
27日（土）	（休日）	⋮	（休日）	⋮
28日（日）	（休日）	⋮	（休日）	⋮
29日（月）	5H	2H	3H	1H
30日（火）	5H	3H	3H	2H
合計	100H	44H	60H	24H

合計68H

5割増　5割増

5 「管理モデル」の考え方

ガイドラインでは、副業・兼業の場合の労働時間の申告等や通算管理における労使双方の手続き上の負担を軽減し、労働基準法に定める最低労働条件を遵守しやすくする簡便な労働時間管理の方法として、「管理モデル」を示しています。

労働基準法を遵守するためには、副業・兼業をしていても労働者一人ひとりの労働時間が「時間外労働・休日労働の上限規制１か月100時間未満でかつ、複数月平均80時間以内」でなければなりません。したがって、これを上限と定めたうえで各々の会社がそれぞれにあらかじめ設定した労働時間の範囲内で労働させることとすることが管理モデルの枠組みです。

管理モデルは、本業の会社でも、副業・兼業の会社でも、時間外労働（法定外労働時間）があることが前提となるため、その上限時間をあらかじめ設定しておくことが想定されていますが、もともとの所定労働時間が法定内の労働時間よりも短い時間であり、所定外労働時間はあっても法定外労働時間がないという場合であっても管理モデルの導入は可能です。つまり、それぞれの事業場での「労働時間」の上限を設定することになりますので、その労働時間は必ずしも「時間外労働」の上限でなくても設定することが可能ということです。

⑴ 「管理モデル」：労働時間通算の方法

管理モデルを導入した場合に、労働時間を通算する順序を確認しておきましょう。

［前提］：本業が先に労働契約を締結している場合で、本業も副業・兼業も通常の労働時間管理（1日8時間、週40時間）を採用している場合

① 本業の労働時間（所定労働時間 ＋ 所定外労働時間）の上限

＋

② 副業・兼業の労働時間（所定労働時間＋所定外労働時間）の上限

①の「所定労働時間＋所定外労働時間」という時間には、すでに法定外労働時間が含まれています。したがって、本業がフルタイムであれば②の「副業・兼業の労働時間」は、すべて法定外労働時間として割増賃金が必要となることが原則です。

しかし、本業の日ごとの労働時間と副業・兼業における労働時間を通算しても、法定労働時間の枠に収まることが明確になっていれば、副業・兼業の労働時間に対して割増賃金を支払わないことは差し支えありません。

つまり、副業・兼業先の会社では割増賃金を発生させない、ということであれば、本業での所定労働時間と所定外労働時間の上限時間が法定労働時間内に収まることが前提、ということになります。

POINT

◎管理モデルで運用する場合、先に労働契約を締結した事業場の労働時間の上限を確保した後に、後から労働契約を締結し

た事業場の労働時間が加算されるため、後から労働契約を締結した事業場の労働時間はすべて法定外時間（割増賃金が必要）となる可能性が極めて高い

(2)「管理モデル」：導入手順

管理モデルを導入するときに、想定される全体の流れは次のとおりです。

①　労働者から他社で副業・兼業をすることの申し出を受領する

⬇

②　管理モデルを導入するために、労働時間の上限としてどの程度の時間を設定するか検討し、決定する

⬇

③　労働者に労働基準法で定められている労働時間の上限について説明し、会社として遵守してほしい管理モデルの説明をする（お互いがある程度信用して運用していくことが前提として考えられる）

- 労働基準法の労働時間の上限：1か月100時間未満で、かつ複数月平均80時間以内
- 会社として定める管理モデルとしての上限時間：○時間（会社で時間数は決める）

⬇

④ 副業・兼業先の会社に対して、労働者を通じて管理モデルを導入して管理することを説明してもらい、副業・兼業先にその対応に応じてもらう

(3) 「管理モデル」：運用方法

管理モデルを活用して運用する場合、事前に決めた上限を超えないことになりますので、副業・兼業先でその範囲内で働いていれば、それ以上の管理はせずとも上限内の働き方となる限りは問題になりません。

管理モデルの枠組みを整理しておきましょう。

まず、副業・兼業の開始前に、先に労働契約を締結した会社（以下、「A 事業場」という）における法定外労働時間と、時間的に後に労働契約を締結した会社（以下、「B 事業場」という）における労働時間（所定労働時間と所定外労働時間の合計）とを合計した時間の上限を A 事業場と B 事業場の間で取り決めます。

この上限は、労働基準法で異なる事業場の間を通算して算出して遵守しなければならない基準があり、単月 100 時間未満、複数月平均 80 時間以内と定められています（時間外労働と休日労働を合計した時間）。

合計した時間の上限を考慮したうえで（例えば月 80 時間など）、それぞれの事業場ではその範囲内で上限時間をそれぞれ設定します。

実際にそれぞれの事業場ではそれぞれの範囲内で労働させることとして、結果的にそれぞれ自らの事業場における法定外労働時間はそれぞれの事業場における 36 協定の延長時間の範囲内として、割増賃金を支払う、という流れになります。

つまり、管理モデルで運用するということは、先に労働契約をし

た事業場が有利になると考えられます。その理由は、労働時間の通算の原則に則って、先に労働契約を締結した事業場でのすべての労働時間を先に通算することにあります。あくまでも後から労働契約をした事業場は、その前契約を前提としてすでに契約されている事業場での労働時間を予測可能であるからこそ、一定の制限を受けるとなっているためです。その結果、先に労働契約をした事業場よりも不利になると考えられます。

原則モデルと異なる点は、先に労働契約を締結した事業場における「所定労働時間」だけではなく、所定外労働時間を含めたすべての労働時間が先に通算される点です。あらかじめそれぞれの上限時間を決めてしまうわけですので、その上限時間は「所定労働時間」だけではなく、発生しうる「所定外労働時間（法定外労働時間も含む）」も含まれていることになります。結果として、後に労働契約を締結した事業場（副業・兼業先であることが多い）に割増賃金の支払義務が多く発生するなどの不利な条件が増えることになると考えられます。

副業・兼業先が管理モデルで運用することを受け入れ、両社ともが上限時間と決めた枠の中に収まっていれば問題なく、実務の現場では実績を詳細に把握する必要もないので、管理モデルを導入後の日常的な管理は簡易になることは間違いありません。

ただし、それぞれの36協定を遵守する必要はそれぞれにありますので、特に特別条項については遵守できるように管理しなければなりません。したがって、それぞれの事業場で特別条項を発動しない範囲となる月45時間以内、年360時間以内という上限にしておくと、36協定の運用を意識する必要がなくなるので、より安心です。

POINT
◎管理モデルで取り決める時間外労働時間と休日労働時間の合計時間の上限は、単月 100 時間未満、複数月平均 80 時間以内でなければならない
◎本業先、副業・兼業先の事業場での実労働時間の確認を最低限としたい場合は、それぞれの事業場内で上限を守るだけではなく、その上限時間を月 45 時間、年 360 時間以内の制限内にしておくと安心

⑷ 「管理モデル」：月 60 時間超の割増賃金の考え方

前述のとおり、「原則モデル」での運用においては、ガイドラインで、「所定外労働の発生順によって所定外労働時間を通算して、自らの事業場の労働時間制度における法定労働時間を超える部分が1か月について60時間を超えた場合には、その超えた時間の労働のうち自ら労働させた時間については、5割以上の率」と示しています。

一方、「管理モデル」での運用においては、「使用者Aの事業場（先に労働契約をしている事業場）における法定外労働時間の上限に使用者Bの事業場（後に労働契約をしている事業場）における労働時間を通算して、自らの事業場の労働時間制度における法定労働時間を超える部分が1か月について60時間を超えた場合には、その超えた時間の労働のうち自らの事業場において労働させた時間については、5割以上の率」と示しています。

原則モデルの場合は、所定外労働時間が発生順に通算していく方法ですが、管理モデルでは、先契約の事業場で定めた労働時間（法定外労働時間を含む）の上限時間からスタートして、それに後契約の事業場での労働時間を加算していく方法となる点が異なります。

管理モデルでの運用を決める際に、それぞれ上限時間を合計した

時間外労働が60時間を超えないように取り決めていれば、５割の割増賃金を払うことがなくなるので、管理はより簡易になると考えられます。

> **POINT**
>
> ◎管理モデルで運用するために定める上限時間は、本業先、副業・兼業先の事業場それぞれを合計して60時間以内にしておくと、５割の割増賃金を支払う可能性がなくなるので、安心して管理が可能となる

⑸　「管理モデル」：労働時間管理方法が異なるケースの考え方

労働時間管理の方法が異なる場合（本業がフレックスタイム制で副業が変形労働時間制や、本業が裁量労働制で副業が変形労働時間制など）であっても、それぞれの事業場で所定労働時間を「固定的な労働時間」として、所定外労働時間を「変動的な労働時間」とする考え方は「原則モデル」と同じです。

「管理モデル」では、それぞれの事業場の労働時間の上限を定めているわけですので、先に労働契約を締結した事業場の「固定的な労働時間」と「変動的な労働時間」を合算した上限時間と、後に労働契約を締結した事業場の「固定的な労働時間」と「変動的な労働時間」を合算した上限時間をそれぞれ設定して、その範囲内で労働させることで管理モデルの運用が可能です。

また、労働時間の上限（時間外労働、休日労働の合計が単月100時間未満、複数月平均80時間以内）を遵守しなければなりませんが、事前に設定している上限時間は法令で定められた労働時間の上限を超えて設定することはできませんので、それぞれで設定した上限時間の範囲であれば問題ありません。

管理モデルを活用して労働時間管理を行うにあたり、それぞれの

事業場の起算日が異なる場合は、それぞれの事業場を通算することもあり、管理が困難という懸念が生じます。その場合は、それぞれの労働時間の上限を設定したうえで、それぞれの事業場の起算日からの1か月における上限時間として管理することで差し支えないとガイドラインで示されています。

つまり、労働時間管理方法が本業と副業・兼業先で異なる場合で「管理モデル」を活用する場合も、「原則モデル」における考え方と変わることはなく労働時間の上限を決めること、ただし労働時間の通算方法が異なることに留意して運用することになります。

(6) 「管理モデル」：清算期間が3か月のフレックスタイム制

本業でも副業・兼業先でも清算期間が3か月のフレックスタイム制を導入している場合においても、管理モデルの利用は可能です。

清算期間3か月の起算月が異なることが考えられますが、管理モデルでは1か月の労働時間の上限をあらかじめ決めていますので、それぞれの月で判断していくことになります。ただし、清算期間が1か月を超えるフレックスタイム制では、

① 1か月ごとに週平均50時間を超えた労働時間
② ①以外にカウントされる清算期間を通じて法定労働時間の総枠を超えた労働時間

については時間外労働としてカウントされますので、管理モデルを活用する際に決める上限時間はこれらの制限をふまえて設定する必要があります。

本業でフレックスタイム制を導入していて、副業・兼業先でもフレックスタイム制を導入しているというケースの場合で、それぞれの清算期間の起算月が異なるというケースの場合であっても、管理モデルでは、各月でそれぞれ上限時間を決めることになるため、それぞれの月であらかじめ決めた範囲内で労働させるようにすることになります。起算月が異なっても、同じ月の労働時間を通算して労

働時間を把握していきます。

［例］
・本業のフレックスタイム制の清算期間が４月から６月まで
・副業・兼業先のフレックスタイム制の清算期間が５月から７月まで

⬇

本業の５月の法定外労働時間の上限と副業の５月の労働時間の上限を通算する

6　労働時間の通算順序に関する課題

労働時間を通算する順序において、先に労働契約を締結したのか、後に労働契約を締結したのか、という点が順序を決めるポイントです。

必ず本業の会社が先に労働契約を締結しているとは限りませんし、いろいろなケースが考えられます。

気になる課題について、確認しておきましょう。

(1)　有期雇用契約が更新されるタイミングが「契約開始日」として更新されるのか

労働時間の通算は先に労働契約を締結している事業場の労働時間を先に通算していくことが原則ですが、本業または副業・兼業の労働契約のいずれかが、有期契約だった場合はどのようになるのでしょうか。有期契約が更新されることにより「先に」締結されていない状況になるのではないか、という疑問です。

契約更新をすることで「後で」締結した労働契約になり、労働時間通算の順序が変更になるのか、ということですが、これについてはガイドラインのQ&Aで「引き続き、有期労働契約が時間的に先に締結された労働契約として、従来と同じ順に、労働時間の通算を行うこととなる」と示されています。

つまり、有期労働契約の更新により、労働時間の通算順序が変わることはなく、有期雇用契約の更新後も最初に労働契約を締結した順のままに通算することになります。

有期雇用契約を繰り返し更新することにより、通算5年超で無期転換権が発生しますが、それにより期間の定めのない労働契約に転換した場合も同様に、当初の労働契約の締結順に労働時間は通算することになります。

有期労働契約の更新という手続きをしたことにより、労働時間の通算順序が入れ替わるということはないことを理解しておきましょう。

⑵　労働時間を通算する順序に関する取り決め

労働時間の通算順序は労働契約の締結の先後で決まることが原則ですが、労使間で合意されていれば変更することは可能、とガイドライン Q&A で示されています。

先に労働契約をしていた会社と後に契約した会社と労働者本人の３者で合意書を取り交わすことなどが考えられます。

労働契約で定めている所定労働時間が長いほうが本業となることが多いと思いますが、やはり主たる労働契約となる本業の労働時間を先に通算している方法が管理はしやすいです。したがって、例えばフルタイムで労働契約をする際に、以前から労働契約をしている副業があるけれど、継続してもいいかという相談があった場合は、労働時間の通算の問題もありますので、３者で合意して管理が簡易な方法を決めることがよいでしょう。（巻末資料「副業に関する合意書（3者）（様式例）」参照）

7 「管理モデル」で設定する上限時間の考え方

実際に「管理モデル」を活用する際に、どの程度の上限時間を設定することがよいのか、具体的に検討してみたいと思います。

上限時間を設定するにあたり、基本を再度おさらいしましょう。

まず、必ず遵守しなければならない事項の確認です。

① 上限時間の制限

本業先、副業・兼業先がそれぞれ設定する上限時間を合計した時間が「時間外労働時間と休日労働時間の合計時間の上限は、単月100時間未満、複数月平均80時間以内」に収まらなければなりません。

② 36協定の遵守

本業先、副業・兼業先でそれぞれ締結している36協定は遵守しなければなりません。

③ 正しい割増賃金の支払い

本業先、副業・兼業先でそれぞれに「時間外労働」「休日労働」を正しく認識しそれぞれに応じた割増賃金を支払わなければなりません。

さらに、管理モデルで運用するからには、活用している効果があるのか、管理部門が安心して管理できるのか、管理が煩雑にならないか、なども上限時間を決める判断ポイントになるでしょう。

(1) 安心できる上限時間の「最長」を考える

これらの前提をふまえて、労働基準法を遵守しつつ、それぞれの事業場における上限時間はどこまで「最長」時間にすることが可能でしょうか。上限時間は具体的には、本業先、副業・兼業先での労働時間を合計した時間だけを決めればいいのではなく、「それぞれの」上限時間を決めることになりますので、より詳細に決めることが必要となります。

前提条件：本業先（先契約）のほかに、１社の副業・兼業先（後契約）があり、合計２社で運用する

■案１　２社とも、時間外労働：月 30 時間以内（休日労働は認めない）

それぞれの事業場でそれぞれの実労働時間を把握することをなるべく簡易にするためには、それぞれに設定する上限時間は、時間外労働を月 30 時間以内とします。

【遵守ポイントチェック】

①　上限時間の制限

２社を合計しても、60 時間となるため、時間外労働＋休日労働＝単月 100 時間未満、複数月平均 80 時間以内の制限はクリアです。

②　36 協定の遵守

36 協定の延長時間が月 30 時間以上になっていれば、問題ありません。また、それぞれの事業場で時間外労働の上限が 30 時間のため、特別条項を発動することがありませんので、特別条項の発動回数を管理する必要もありません。

③　正しい割増賃金の支払い

それぞれに 30 時間の時間外労働のみであれば、月 60 時間超からの割増率が変更となる労働時間もないので、割増賃金の計算に迷いが生じません。

休日労働がないので、時間外労働か休日労働かの判別も不要ですので安心です。

■案2　2社とも、時間外労働：月30時間以内、休日労働：月10時間以内

時間外労働の割増率が変更となる月60時間という制限は、時間外労働の合計時間ですので、休日労働であれば通算されません（単月100時間未満、複数月平均80時間以内という上限には休日労働時間は含まれます）。したがって、例えば時間外労働は月30時間、休日労働は月10時間までをそれぞれの事業場の上限とする、という方法があります。

【遵守ポイントチェック】

①　上限時間の制限

2社を合計しても、80時間となるため、時間外労働＋休日労働＝単月100時間未満、複数月平均80時間以内の制限はクリアです。

②　36協定の遵守

36協定の延長時間が月30時間以上になっており、休日労働も月10時間以内までは可能な内容で締結されていれば、問題ありません。また、それぞれの事業場で時間外労働の上限が30時間のため、特別条項を発動することがありませんので、特別条項の発動回数を管理する必要もありません。

③　正しい割増賃金の支払い

それぞれに時間外労働が30時間であれば月60時間超からの割増率が変更となる労働時間もなく、割増賃金の計算に迷いが生じません。休日労働か時間外労働か、を個別に判断していくことは必要ですが、確実に管理しておくことで問題はありません。

■案3　2社とも、時間外労働：月40時間以内

休日労働は発生しづらいものの、時間外労働は30時間では足り

ないという場合に、もう少し時間外労働を延長する案です。各社40時間ずつとなると、合計すると月60時間を超えますので、割増率が変わるタイミングを管理する必要はあります。

36協定の時間外労働の月の上限時間である45時間とするわけではなく、なぜあえて40時間とするかというと、それぞれの事業場の時間外労働を通算して80時間を超えないようにするためです。もちろん、法が定める制限は「複数月平均80時間」ではありますが、1か月80時間を超えてしまうと、その前後の月を平均しても80時間以内でなければならないという条件をクリアすることはかなり厳しいので、平均80時間を守るのではなくそもそも単月でも80時間を超えない条件にしておくと安心です。

【遵守ポイントチェック】

①　上限時間の制限

2社を合計しても、80時間となるため、時間外労働＋休日労働＝単月100時間未満、複数月平均80時間以内の制限はクリアです。

②　36協定の遵守

36協定の延長時間が月45時間以内になっていれば問題ありません。また、それぞれの事業場で時間外労働の上限が45時間のため、特別条項を発動することがありませんので、特別条項の発動回数を管理する必要もないので安心です。

ただし、一定期間を経過すると、年360時間を超過する可能性があるため、通算して年360時間になるかどうかは管理し、必要に応じて特別条項の発動をしなければなりません。

③　正しい割増賃金の支払い

それぞれに時間外労働が40時間ですので、月60時間超からの割増率が変更となる労働時間は発生します。

副業・兼業の事業場では本業の上限時間にプラスして計算しなければならないことから、副業・兼業先の労働時間が20時間を超えた時点から結果的に時間外労働が月60時間を超えることになり割増率が上がります。つまり副業・兼業先の会社ではより割増賃金の負担が大きくなる可能性があります。

■案4　2社とも、時間外労働：月45時間以内

案4は、36協定の時間外労働の1か月の上限時間を意識した案です。

ただし、それぞれの時間外労働の上限の合計が90時間となることから、複数月平均80時間以内に収まるように確認しながら運用しなければならなくなります。また、通算して90時間になることからも、健康管理の面からも長時間労働が気になる上限時間と考えられます。

【遵守ポイントチェック】

①　上限時間の制限

2社を合計すると90時間となるため、時間外労働＋休日労働＝単月100時間未満、複数月平均80時間以内の制限のうち、複数月平均80時間以内になるように、結果的に副業・兼業先での労働時間をコントロールして、月平均80時間以内に収めなければなりません。

②　36協定の遵守

36協定の延長時間が月45時間以内になっていれば問題ありません。また、それぞれの事業場で時間外労働の上限が45時間のため、特別条項を発動することがありませんので、特別条項の発動回数を管理する必要もないので安心です。

ただし、一定期間を経過すると、年360時間を超過する可能性があるため、通算して年360時間になるかどうかは管理し、必要に応じて特別条項の発動をしなければなりません。

③　正しい割増賃金の支払い

それぞれに時間外労働が45時間ですので、月60時間超からの割増率が変更となる労働時間は発生します。

副業・兼業の事業場では本業の上限時間にプラスして計算しなければならないことから、副業・兼業先の労働時間が15時間を超えた時点から結果的に時間外労働が月60時間を超えることになり割増率が上がります。つまり副業・兼業先の会社ではより割増賃金の負担が大きくなる可能性があります。

■案５　本業で時間外労働：月30時間、副業・兼業で休日労働：30時間

２社とも同じ上限時間とするのではなく、それぞれの働き方を考えて副業・兼業は休日のみで対応してもらう、という案です。この場合、副業・兼業先ではすべて休日割増賃金の支払いが必要になりますが、月４日ある法定休日に副業・兼業をするということで、わかりやすさはあります。

【遵守ポイントチェック】

①　上限時間の制限

２社を合計すると60時間となるため、時間外労働＋休日労働＝単月100時間未満、複数月平均80時間以内の制限はクリアです。

②　36協定の遵守

36協定の延長時間が月30時間以上になっていること、休日労働も月30時間以内までは可能な内容で締結されていれば、問題ありません。

また、それぞれの事業場で時間外労働の上限が30時間のため、特別条項を発動することがありませんので、特別条項の発動回数を管理する必要もありません。

③　正しい割増賃金の支払い

それぞれに時間外労働と休日労働で割増率が異なりますが、あらかじめ決めていることから確実な処理が可能と考えられます。

■案６　本業で時間外労働：月45時間、副業・兼業で休日労働：30時間

案５よりも少し時間外労働のみを延長した案です。

特別条項を協定すれば、それ以上の労働時間も可能ではありますが、複数月平均80時間以内という要件を確実に守るためにはこの程度の上限時間にしておくと安心です。

【遵守ポイントチェック】

①　上限時間の制限

２社を合計しても、75時間となるため、時間外労働＋休日労働＝単月100時間未満、複数月平均80時間以内の制限はクリアです。

②　36協定の遵守

本業の36協定の延長時間が月45時間以内になっていれば問題ありません。また、時間外労働の上限が45時間のため、特別条項を発動することがありませんので、特別条項の発動回数を管理する必要もないので安心です。

ただし、一定期間を経過すると、年360時間を超過する可能性があるため、通算して年360時間になるかどうかは管理し、必要に応じて特別条項の発動をしなければなりません。

③　正しい割増賃金の支払い

それぞれに時間外労働と休日労働で割増率が異なりますが、あらかじめ決めていることから確実な処理が可能と考えられます。

POINT

◎本業と副業・兼業先とで同じ上限時間を設定することだけが選択肢ではなく、それぞれの事業場での働き方を考慮して、設定することが可能

◎本業で法定労働時間を満たしてしまう場合に、副業・兼業先（後契約の会社）は、必ず割増賃金の支払いが必要となるなど、管理において本業（先契約の会社）よりも不利な条件が多い

◎管理モデルで運用しやすいように、労働時間の管理が最低限となるような上限時間の設定を検討

⑵　時間外労働はないことを前提とする上限時間の設定

上限時間は、時間外労働がない前提でも設定することができます。

したがって、本業と副業・兼業の労働時間を通算しても法定労働時間内に収める方法なども考えられます。主に、いずれもフルタイムでの勤務が前提ではない場合に実現可能な方法です。

具体例を考えてみましょう。

前提条件：本業先（先契約）のほかに、１社の副業・兼業先（後契約）があり、合計２社で運用する

■案７　本業の労働時間の上限時間を１日５時間、週 20 時間　副業・兼業の労働時間の上限時間を１日２時間、週 10 時間

案６までは「時間外労働」「休日労働」を上限時間として設定していましたが、管理モデルでは「労働時間の上限」を設定すると決まっていますので、時間外労働は想定しないという方法です。

パートタイム労働の掛け持ちなどがイメージしやすいかもしれません。このような上限時間の設定であれば、副業・兼業先の労働時間がすべて法定外労働時間になるということにもなりません。

またガイドラインでは、労働時間の上限を設定するとだけ示されていることから、1日単位の上限時間と週単位の上限時間の組み合わせで設定することも可能です。つまり、設定する単位は、1日、1週、1か月と選択することができると考えられますので、実態にあわせて検討することがよいでしょう。

	本業		副業・兼業		上限時間	36協定特別条項	60H超の割増賃金判別
	時間外	休日	時間外	休日			
案1	30H	0H	30H	0H	クリア(60H)	不要	不要
案2	30H	10H	30H	10H	クリア(80H)	不要	不要
案3	40H	0H	40H	0H	クリア(80H)	年360H超	必要
案4	45H	0H	45H	0H	クリア(90H)	年360H超	必要
案5	30H	0H	0H	30H	クリア(60H)	不要	不要
案6	45H	0H	0H	30H	クリア(75H)	年360H超	不要

8　副業・兼業を行う人に時間外労働を命ずることが可能な時間帯

前項では各社における上限時間として設定可能な時間を検討してみましたが、実際に副業・兼業をしている人に対して、本業の会社も副業・兼業の会社も、対象労働者に対して、どのタイミングで所定外労働を命ずることが可能になるのか、具体的にイメージしてみます。具体的に可能な日、時間帯をイメージしてみることで、現実的な労働時間の上限を決めることができると思います。

(1)　本業がフルタイム勤務のケース

■事例 1：本業の所定労働日と副業の所定労働日が同じ場合

本業：所定労働時間　8 時間（9 時から 18 時）、土日休み

副業：所定労働時間　1 時間（19 時から 20 時）、土日休み

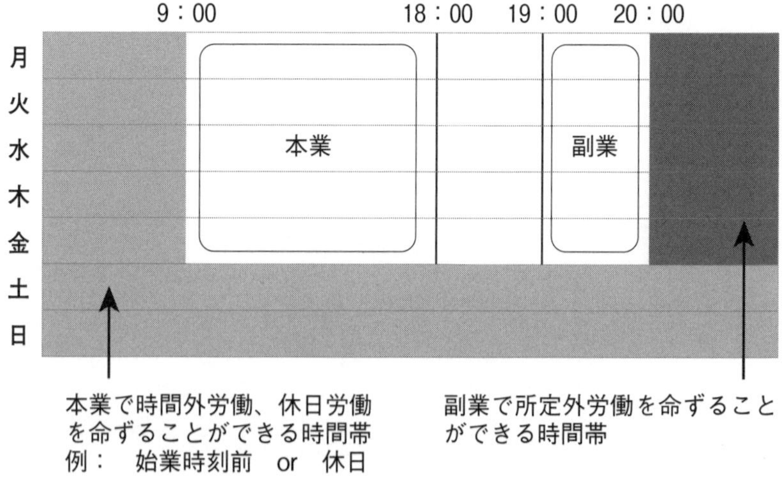

本業で副業・兼業を認めていれば本業の終業時刻以降に副業があることを把握していますので、終業時刻以降に時間外労働を命ずることは難しくなります。したがって、もし時間外労働を命ずるとするならば、始業時刻前か所定休日になると考えられます。

以上のことから、結果的にそれほど時間外労働を命ずる余地はないと考えられます。

本業と副業・兼業の所定労働日が同じ場合は、本業にとっても、副業にとってもそれぞれの現場で時間外労働を命ずることがしづらい状況になる可能性があります。

■事例2：本業の所定労働日は月～金、副業の所定労働日は土曜と日曜日の場合

本業：所定労働時間　8時間（9時から18時）、土日休み

副業：所定労働時間　2時間（10時から12時）、月～土曜日休み

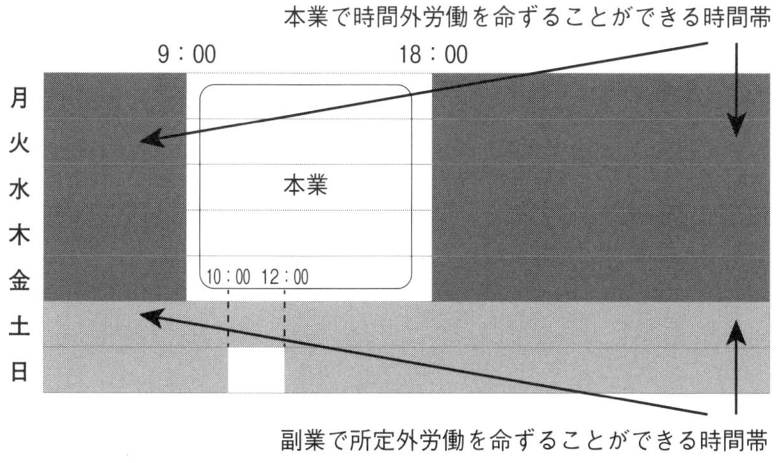

事例1と異なる点は、所定労働日が異なるということ以外にも、副業の所定労働時間が短いということではありますが、やはり本業と副業・兼業の所定労働日が異なることにより、所定労働時間の前

後に時間外労働を命ずることが可能になる点は大きいです。

結果として事例1よりは時間外労働を命じやすい環境のため、労働時間の上限に少し幅をもたせることも現実的に可能ではあると考えられます。また休日となる1日は、法定休日になり得ますが、本業も副業も労働を命ずることが可能な日になります。

(2)　本業も副業も短時間勤務のケース

■事例3：本業の所定労働日と副業の所定労働日が同じ場合

本業：所定労働時間　5時間（8時から13時）、土日休み

副業：所定労働時間　3時間（16時から19時）、土日休み

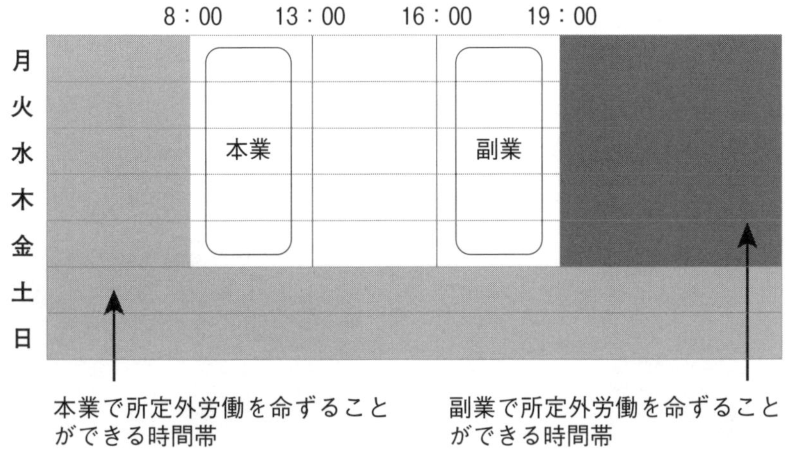

事例1と同じようなイメージですが、同一労働日に副業がある場合は、その時間帯まで継続して勤務を命ずることは難しいので、やはり所定外労働を命ずることができる時間帯に制限が出てきます。事例では土日が休日になっていますので、本業に限らず副業でも時間外労働を命ずることはできますが、いずれも所定労働時間ではないので調整したうえでの指示が可能となるということになります。

■事例4：本業の所定労働日は月～金、副業の所定労働日は日曜日の場合

本業：所定労働時間　5時間（8時から13時）、土日休み

副業：所定労働時間　3時間（9時から12時）、月～土曜日休み

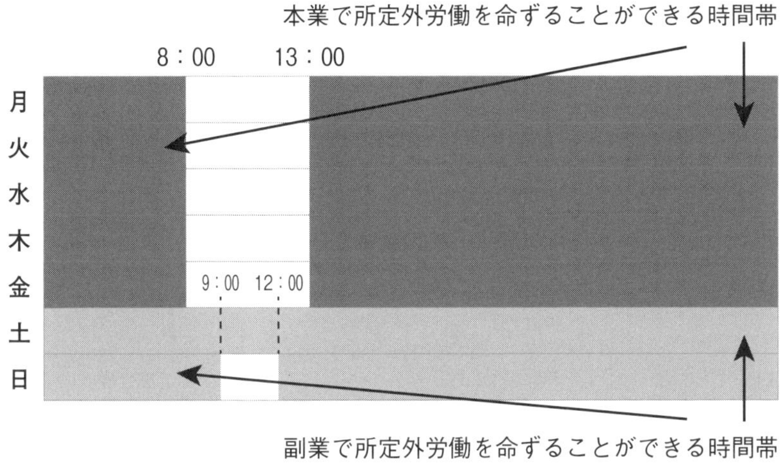

もともと所定労働時間が短い場合は、当然ですが所定外労働を命ずることができる時間帯は広がります。本業も副業も所定労働時間が短いと、どちらが本業なのか副業なのかの区別がなくなるという現象も起きることが考えられます。また副業・兼業先が1社だけではなくなることも想定され、さらに管理は複雑になる可能性もあります。3社以上となる場合は特に、管理モデルを導入することにより、法違反にならない運用を目指すことがよいでしょう。ガイドラインでも示されていますが、事業主が異なる3以上の事業場で労働する場合でも、労働時間管理の考え方、原則モデル、管理モデルの活用方法は同じです。

4　申請フロー・その他のルールを決める

1　「管理モデル」：活用するための社内申請手続きフロー

ここまで、管理モデルで運用することを検討してきましたので、社内で副業・兼業の申請があったときに、どのような流れで申請・承認手続きをすればいいのか、具体的な社内フローをイメージしておきましょう。承認申請の社内手続きにおいて、どの時点で何をチェックすればいいかという点をまとめてみます。

［前提］：本業の会社に副業・兼業の承認申請をして、管理モデルで管理する場合

【ステップ１】

労働者：副業・兼業で働くことを本業の会社に申請する

● 労働者本人が会社に提出する書類

①　副業・兼業申請書

②　秘密保持に関する誓約書　または、

③　副業・兼業に関する誓約書

「副業・兼業申請書」の情報から承認の判断をすることになりますから、申請書にはそのために必要な情報がすべて含まれていることが必要です。

また、対象者に対して、副業・兼業をするにあたり約束してもらう必要があることを誓約書にまとめて、あわせて提出してもらっておくと、この後の手続きがスムーズです。秘密保持に関する誓約書だけでもよいですし、改めて副業・兼業に関することをまとめた誓約書でもいいでしょう。

⬇

【ステップ2】

会社（本業）：申請書の内容をもとに、社内で取り決めた要件を満たしているか確認する

● 会社が労働者に交付する書類

④　副業・兼業承認通知書

労働者本人からの申請内容をふまえて、会社が承認することを決定した場合にその要件を共有するために、承認通知書にまとめて交付します。

有効期限などを設けて、一定期間経過するたびに確認するステップを入れておくと安心です。

⬇

【ステップ3】

労働者：労働者本人は会社から交付された副業・兼業承認通

知書の内容を確認し、副業・兼業先に管理モデルを使用して管理することに承諾してもらう

● 労働者、本業の会社、副業の会社の３者間の合意書

⑤　副業・兼業に関する合意書

⑥　管理モデル使用に関する合意書

「副業・兼業に関する合意書」は、労働時間を通算する順序を確認するための形式で作成していますので、取り交わしは必須ではありません。あくまでも本業の会社のほうが労働時間を通算する順序を先にしておくことが管理しやすいため、本業の会社との労働契約が先でない場合には、この合意書を取り交わしておくとよいでしょう。（巻末資料参照）

また「管理モデル使用に関する合意書」は、２社で管理モデルを使用して管理することを確認する合意書です。それぞれの上限時間を確定するためにも必要と考えられます。（巻末資料参照）

2　検討ポイント：入社時に確認することは何か

原則となる社内の申請フローだけではなく、関連する取扱いルールとして決めておくべきことを検討してみると、そもそも入社時にすでに他社で雇用されているかいないかを明確に確認するステップも必要であることに気づきます。

多くの会社では、特にフルタイムまたはフルタイムに近い雇用形態で採用する際には、すでに副業・兼業をしている人のほうが少ないだろうという前提があるため、応募、採用という社内のステップの中で、副業・兼業をしているかどうかの確認をすることが、まだ確立できていない会社が多いかもしれません。しかし最近は多様な働き方がすすんでいることもありますので、必要に応じて採用時に副業・兼業の有無を確認するステップを加えておくと安心です。

可能な限り採用ステップの早い段階で、他の就業場所があるか、ある場合はその事業内容や担当業務のほか、秘密保持義務の有無なども確認するようにしましょう。フルタイムで勤務することが前提で労働契約を締結する予定であっても、「質問されなかったので言わなかった」とならないためにも、会社側からの確認は忘れないようにしましょう。

具体的には、就業規則等で社内ルールの説明をして、一定の社内での申請手続きをしてもらうほか、誓約書の提出を求めることなども可能でしょう。

副業として入社してもらうことを想定している人に対しても、本業ですでに保有する企業秘密等を活用して業務をするようなことがないように、採用する際には本人に注意を促し、意識付けをしておくことも重要です。

POINT

◎入社前から他社で就業している可能性があるので、事前に確認し、入社後の副業・兼業申請と同じような扱いにしておくこと

3　検討ポイント：副業・兼業の可否に関する待遇差は可能か

本業となる会社との労働契約では一定以上の所定労働時間で契約されていることが前提のためか、副業・兼業先で雇用される条件は有期雇用や短時間勤務となることが多いです。つまりは、副業・兼業先での雇用形態はいわゆる非正規雇用が多くなっているということです。

そこでやはり気になるのが同一労働同一賃金の問題です。

■同一労働同一賃金の問題とは？

無期雇用フルタイム労働者（いわゆる正規雇用労働者）と有期雇用、パートタイム労働者等（いわゆる非正規雇用労働者）との間の不合理な待遇差の解消を目指すものであり、パートタイム・有期雇用労働法の改正により、大企業は2020年4月1日から、中小企業も2021年4月1日から施行されています。

正規雇用労働者と非正規雇用労働者の職務内容、職務内容・配置の変更範囲が同じであれば、「均等待遇」としなければならず、異なるのであれば、それに応じて「均衡待遇」にしなければならないという内容です。

副業・兼業の許可も待遇の一つとして考えられるため、正社員と有期雇用やパートタイムとで許可の有無を変えることは可能なのかという問題があります。

■ルール１：副業・兼業を、正社員には認めるが、有期雇用・パートタイムには認めない

この場合、たとえ職務内容、職務内容・配置の変更範囲が異なる場合であっても、その差に応じた均衡待遇としては認められそうな理由は見当たらないと考えられる。

■ルール２：副業・兼業を、有期雇用・パートタイムには認めるが、正社員には認めない

この場合、有期雇用・パートタイムのほうが有利な待遇となるため、問題にはならない（パートタイム・有期雇用労働法は、あくまでもパートタイムと有期雇用労働者に対して不合理な待遇禁止であり、有利な待遇にすることは禁止されていない）。また、長時間労働に対する懸念から、フルタイムで働く正社員には一定の要件を満たすもの以外は認めないという考え方は不可能ではない。

以上のことから、副業・兼業を有期雇用・パートタイムにだけ許可する制度自体には大きな問題はないと考えられます。

5 運用チェックポイント ① 健康管理

1 健康診断・ストレスチェックの対応義務

副業・兼業をしているかどうかにかかわらず、会社は労働安全衛生法66条に基づき、健康診断、長時間労働に対する面接指導、ストレスチェックやこれらの結果に基づく事後措置等も実施しなければなりません。

そもそも、会社が対応しなければならない健康管理に関する対応の対象者を確認してみましょう。

一般健康診断（労働安全衛生法66条）とストレスチェック（労働安全衛生法66条の10）は、実施対象が常時使用する労働者（常時使用する短時間労働者を含む）と定められています。ここでいう、常時使用する短時間労働者とは、短時間労働者のうち、以下のいずれの要件も満たす者となります（平成26年7月24日付け基発0724第2号等抜粋）。

① 期間の定めのない労働契約が締結されている者。または、期間の定めのある労働契約が締結されていて契約期間が1年以上の者。または、期間の定めのある労働契約が締結されていて契約更新により1年以上使用されることが予定されている者か、1年以上引き続き使用されている者。

②　１週間の労働時間数が当該事業場において同種の業務に従事する通常の労働者の１週間の所定労働時間の４分の３以上である者

これらの原則に基づき、会社が健康診断、ストレスチェックの実施をしなければならない対象者については、その対象者が副業・兼業をしている対象者であっても、あくまでもその事業場での労働時間で判断しますので、副業・兼業先における労働時間を通算して判断する必要はありません。

ただし、会社が指示をして副業・兼業を開始した場合は、会社間の情報交換によりまたは労働者からの申告により労働時間を把握して、通算して労働時間に基づき実施するかどうかの判断をすることになります。

POINT

◎健康診断、ストレスチェックの実施については、事業場における労働時間で判断することでよいので、副業・兼業先の労働時間は通算して判断しない。ただし、会社が指示した副業・兼業の場合は、労働者からの申告に労働時間を把握し、通算して判断する

2 医師による面接指導の対応義務

次に、長時間労働者に対する医師の面接指導については、一般労働者と新技術・新商品等の研究開発業務従事者については、1か月の時間外労働と休日労働が80時間超で、かつ疲労の蓄積が認められる者が申し出をした場合に実施しなければならないと定められています（労働安全衛生法66条の8）。

その他の対象者もありますので、時間外労働と休日労働の合計時間をもとに、**図表2-4**のとおりまとめてみました。

■図表2-4 医師による面接指導の対象者

<table>
<tr><th></th><th></th><th>80H超</th><th>100H超</th></tr>
<tr><td>一般労働者</td><td></td><td colspan="2">本人の申し出により実施義務</td></tr>
<tr><td>新技術・新商品研究開発業務 ＊1</td><td></td><td>本人の申し出により実施義務</td><td rowspan="2">本人の申し出の有無にかかわらず実施義務（罰則あり）</td></tr>
<tr><td>高度プロフェッショナル制度 ＊2</td><td></td><td></td></tr>
<tr><td>要配慮者 ＊3</td><td>実施するよう努める</td><td></td><td></td></tr>
</table>

＊1 新技術・新商品等の研究開発業務従事者（労働安全衛生法66条の8の2）
＊2 高度プロフェッショナル制度の対象者（労働安全衛生法66条の8の4）
＊3 健康への配慮が必要と判断した者に対して、面接指導を講ずるように努めなければならない（労働安全衛生法66条の9）

ここでチェックしておきたいポイントは、本人の申し出があれば実施するという流れなのか、申し出の有無は関係なく実施する必要があるか、という違いです。

本人の申し出があれば面接指導をする必要があるのは、時間外労働と休日労働の合計が80時間超となった一般労働者と新技術・新商品等の研究開発業務従事者です。

本人の申し出の有無は関係なく実施が義務化されるのは、時間外労働と休日労働の合計が100時間超となった新技術・新商品等の研究開発業務従事者と高度プロフェッショナル制度の対象者となりますので、会社として積極的に労働時間をチェックしておかなければならない対象者をはっきりさせておきましょう。

この原則に基づき、会社が医師の面接指導を実施しなければならない対象者については、その対象者が副業・兼業をしている対象者であっても、あくまでもその事業場での労働時間で判断しますので、副業・兼業先における労働時間を通算して判断する必要はありません。

ただし、会社が指示をして副業・兼業を開始した場合は、会社間の情報交換によりまたは労働者からの申告により労働時間を把握して、通算して労働時間に基づき実施するかどうかの判断をすることになります。

POINT

◎長時間労働による医師の面接指導の実施については、事業場における労働時間で判断することでよいので、副業・兼業先の労働時間は通算して判断しない。ただし、会社が指示した副業・兼業の場合は、労働者からの申告に労働時間を把握し、通算して判断する

3 健康管理、健康確保措置に関するまとめ

会社に課せられている健康管理、健康確保措置として対応すべき事項である健康診断、ストレスチェック、長時間労働者に対する面接指導については、副業・兼業をしているかどうかにかかわらず、実施しなければなりません。

しかし、会社が健康確保措置の実施対象者を選定する際には副業・兼業先の労働時間を通算して判断する必要はありません。

ただし、その副業・兼業を会社が指示しているのであれば、副業・兼業先の会社と情報交換をするほか、労働者からの申告によって、労働時間を把握し、通算して判断しなければなりません。

さらに円滑に健康確保措置等を実施するためには、会社が認めた副業・兼業ということであれば、副業・兼業先における労働時間も通算した労働時間で判断して健康診断、ストレスチェックを実施するなどの法を上回る健康確保措置を講じることが適当とされています。

考え方としては、原則はそれぞれの事業場における管理の範囲で判断することでよいというものの、副業・兼業をすること自体を認めるのであれば、会社も副業・兼業先も含めてその対象者の全労働時間から判断して必要なケアをすべき、と考えられているといえるでしょう。

原則

健康管理
- 健康診断
- ストレスチェック
- 面接指導

副業・兼業先の労働時間は通算せず、判断してよい

例外

副業・兼業を会社が指示している場合
⇒通算する
副業・兼業を会社が認めている場合
⇒通算して判断することが適当（必須ではない）

(1)　会社が指示をした副業・兼業とは

ガイドラインで示されている「使用者の指示による副業・兼業」とは、在籍型出向を想定していると示されています。つまり出向先とも出向元とも雇用契約関係がある場合のことです。

しかし、一般的には在籍型出向の場合、出向先での指揮命令に対して労務提供をするという内容になっているため、結果的に出向先の事業場でのみ労働時間が発生して、出向元でも労働時間が発生するということは少ないのではないかと考えます。兼務出向などにより、労務提供する事業場が複数あるというケースはありますので、このようなケースのことを想定しているのかもしれません。いずれにしても、兼務出向などにより複数事業場で労務提供をするケースでは、それぞれの事業場での労働時間は通算して処理することになります。

⑵ 健康保持のため自己管理を行うように指示するとは、具体的にどのような指示の方法か

副業・兼業を行う者の健康確保に資する措置の一つとして、「健康保持のため自己管理を行うよう指示」がガイドラインで示されていますが、具体的な指示の方法として、次のような内容が示されています（「副業・兼業の促進に関するガイドライン」Q&A 参照）。

・労働者が副業・兼業を開始する際に自己管理を指示する
・副業・兼業に関する社内ルールに含めて明示する

また指示する方法、自己管理として実施する内容は労使の話し合いで決めることが適当とも示されています。

そのほかに、「心身の不調があれば都度相談を受けることを伝える」ということも副業・兼業を行う者の健康確保に資する措置の一つとしてガイドラインで示されていますが、すでに設置しているメンタルヘルス相談窓口や産業医との相談体制があれば、それらを活用することなどが示されています。

結果として、適切な措置を講ずるという内容には、副業・兼業をしていない労働者と同様で、時間外労働や休日労働の免除や抑制等の措置を労働者と話し合って決めることが想定されています。つまり副業・兼業をすることによって増える労働時間も加味して、必要な措置を検討して判断するという対応は同じとなると考えられます。

会社としてすべきこととしての法規制が厳しくなくても、確実な運用が求められます。

6　運用チェックポイント ②　労災保険

1　労災保険の基本事項

まず労災保険の基本について、確認していきましょう。

労災保険の正式名称は、「労働者災害補償保険」といい、労災保険と雇用保険とを総称して「労働保険」といわれています。

労災保険とは、労働基準法の第８章（75条から88条まで）に定められた災害補償の部分を補償する保険として、労働者の業務上の事由による死傷病等に対して保険給付がされるだけではなく、通勤による死傷病等による保険給付もあります。また労働者の社会復帰等を図るための事業も行っています。労災保険料は、原則事業主の負担とされているため、働く人一人ひとりに保険料負担はありません。

労災保険は、原則として労働者が一人でもいれば会社の規模などは問わず、また労働者の働く時間の長さなども問わず、雇用形態に左右されることなく適用されます。事業に使用される者で賃金を支払われる者すべてが対象となりますので、社会保険や雇用保険とは異なります。

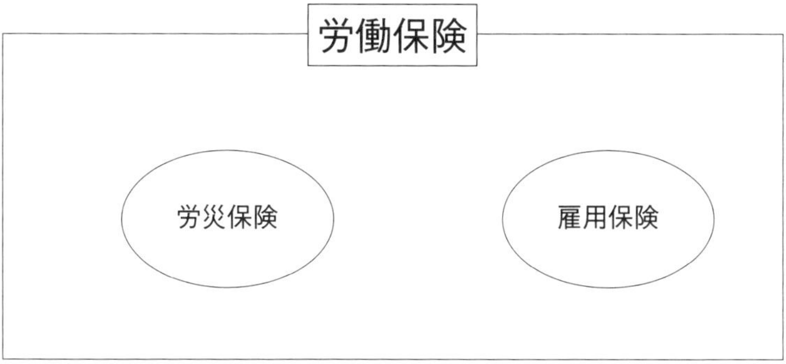

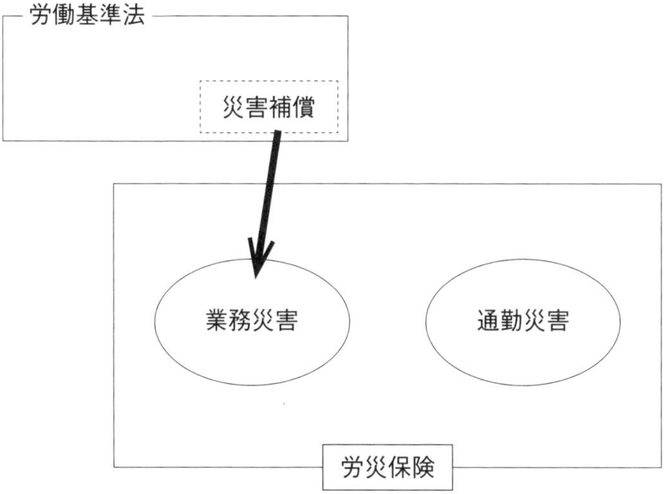

労災保険の保険給付は、業務上や通勤による負傷、疾病、障害または死亡に対して保険給付がされるものです。業務上の災害かどうかを判断するにあたり、「業務上」とは業務と傷病等との間に一定の因果関係があることが基準となっています。また、その保険給付を受けることができる人は、労災保険の適用される事業場に雇用されている労働者であり、その労働者が「事業主の支配下」にあるときに、「業務」が原因となって発生した災害について労災保険の保険給付が行われます。

「事業主の支配下」で「業務に従事」していると判断される場合は、労災保険が適用になるわけですが、次のような場合は原則として、業務災害として認められません。

・就業中に私的行為を行い、または業務を逸脱する恣意的行為をしていてそれが原因で災害を被った場合
・労働者が故意に災害を発生させた場合
・労働者が個人的な恨みなどにより、第三者から暴行等を受けて被災した場合
・地震、台風など天災地変により被災した場合（事業場の立地条件、作業環境や作業条件などにより天災地変に際して災害を被りやすい業務の事情がある場合は除く）

一方、「事業主の支配下」にはあるものの、「業務に従事」していない場合であっても、一定の要件を満たす場合は、業務災害として認められます。例えば、休憩時間や業務を始める前、終わった後、などの時間帯は業務に従事していませんが、事業場の施設・設備や管理状況などが原因で発生した災害は業務災害となるほか、トイレなどの生理的行為については、事業主の支配下で業務に付随する行為として取り扱われ、そのときに生じた災害は業務災害となります。

その他、出張や外出などにより事業場外で業務に従事している場合も、物理的には事業主の支配下から離れている状態となっていても、業務命令により仕事をしている状態となるため、事業主の支配下にあると判断されます。しかしこの場合でも積極的な私的行為を行っている場合は業務災害と認められることはありません。

業務上の疾病かどうかの判断には、業務との間に相当因果関係が認められることが必要です。業務上の疾病と認められるための一般的な要素として、次の３つのポイントがあります。

①　労働の場に有害因子が存在していること
②　健康障害を起こし得るほどの有害因子にさらされたこと
③　発症の経過および病態が医学的にみて妥当であること

したがって、就業時間中に発症したからすべてが労災となるというわけではなく、その発症の原因が業務上の理由として認められない限りは、相当因果関係が成立しませんので、タイミングとして就業時間内に発症したとしても、業務による有害因子にさらされたことにより発症したとは認められず、業務上災害として認められないことになります。

逆に、就業時間外に発症した場合でも、業務による有害因子にさらされたことで発症したものと認められれば、業務と疾病の間に相当因果関係が成立しますので業務上疾病と認められることになります。

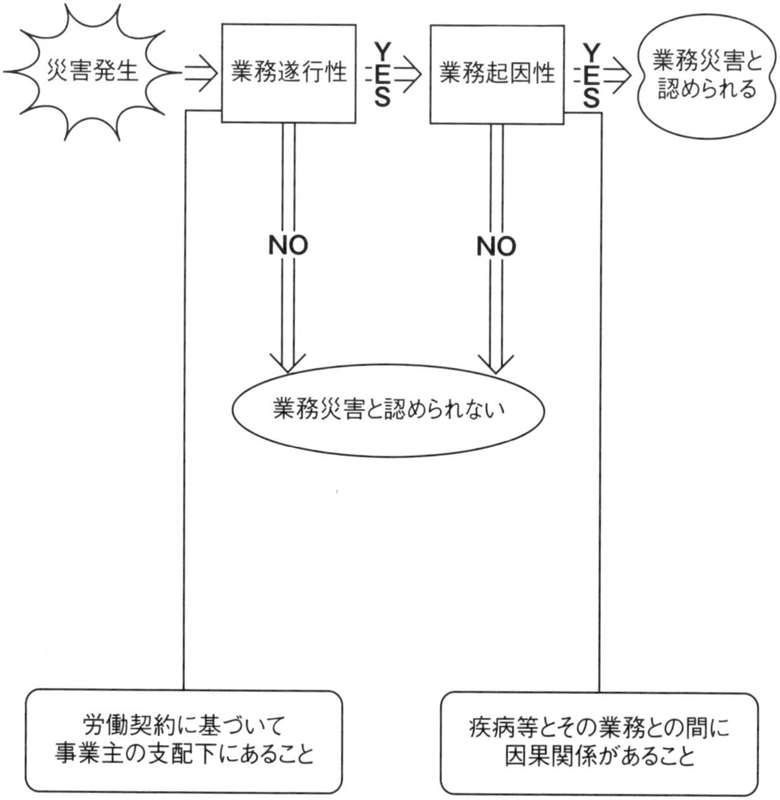

次に通勤災害について確認していきましょう。

通勤は業務をするための準備行為ですので、原則通勤途上の事故について会社が責任を負うことはありません。しかし実際には事業場で仕事をするためには通勤が必要となるわけですので、その通勤途上で災害が発生する可能性があるためその部分も網羅しているのが労災保険です。

労災保険の範囲となる通勤災害について、一定の基準が設けられています。まず、通勤とは就業に関して行う、次の移動をいいます。

・住居と就業場所との間の往復
・就業場所から他の就業場所への移動
・住居と就業場所との間の往復に先行し、または継続する住居間の移動

そのうえで、合理的な経路および方法により移動を行うことをいい、業務の性質を有するものを除きます。移動の経路を逸脱し、または移動を中断した場合は、逸脱または中断の間およびその後の移動は通勤となりません。

ただし、逸脱または中断が日常生活上必要な行為であって、やむを得ない事由により行うための最小限のものである場合は、逸脱または中断の間を除き、通勤となります。

日常生活上必要な行為とはどのような行為のことなのか、というと次のような行為とされています。

①　日用品の購入やこれに準ずる行為
②　職業訓練や学校教育、その他これらに準ずる教育訓練であって職業能力の開発向上に資するものを受ける行為
③　選挙権の行使やこれに準ずる行為
④　病院や診療所において、診察または治療を受ける行為やこれに準ずる行為
⑤　要介護状態にある配偶者、子、父母、配偶者の父母、孫、祖父

母および兄弟姉妹の介護（継続的にまたは反復して行われるものに限る）

■図表 2-5 労災保険の通勤災害制度

1. 合理的な通勤経路を逸脱・中断した場合

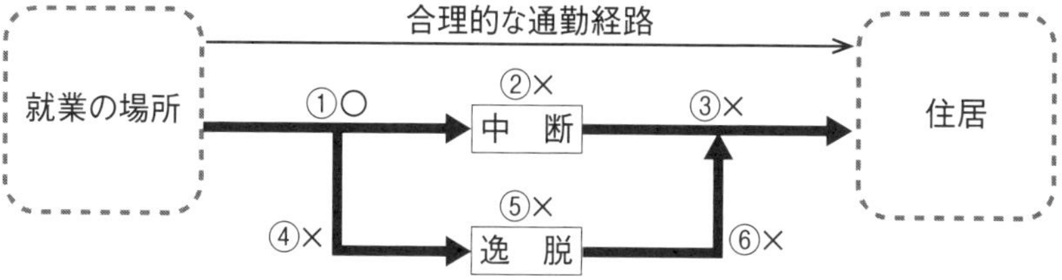

○：通勤として認められるもの　×：通勤として認められないもの

▶ 合理的な通勤経路から
逸脱・中断の間（上図②④⑤⑥）

▶ 合理的な通勤経路に
復帰後の移動の間（上図③）

の事故による負傷等については、原則として労災補償の対象となりません。

2. 日常生活上必要な行為のために、合理的な通勤経路を逸脱・中断した場合

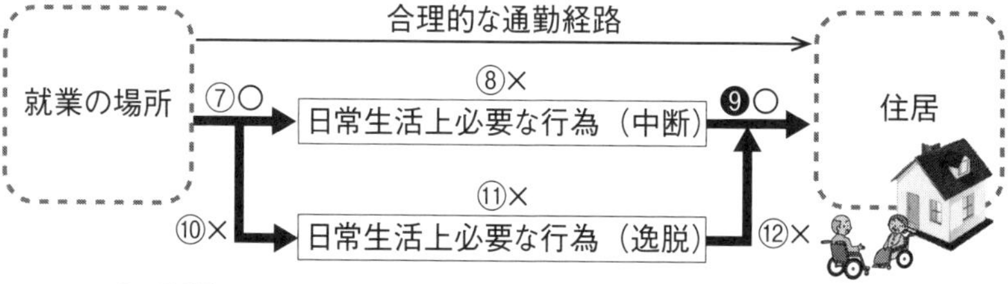

○：通勤として認められるもの　×：通勤として認められないもの

▶ 合理的な通勤経路に復帰後の移動の間（上図❾）の事故による負傷等については、例外的に労災補償の対象となります。※その場合も、逸脱・中断の間（上図⑧⑩⑪⑫）は対象外です。

出典：厚生労働省・都道府県労働局・労働基準監督署のパンフレット「労災保険の通勤災害保護制度が変わりました」より

2　業務災害なのか、通勤災害なのか、副業・兼業のケースの考え方

副業・兼業をする場合に労災保険でどこまでがカバーされるのか、という点を整理していきましょう。

副業・兼業のケースを確認する前に、基本事項として、異なる事業場で業務を行う場合の原則について、確認しましょう。同じ事業主で複数事業場がある場合は、場所が異なる事業場で業務を行うことがありますが、その場合はどのような取扱いになるのでしょうか。具体例として、出張のケースをみていきます。

■事例１：東京本社所属の労働者が神戸支店に終日出張する場合

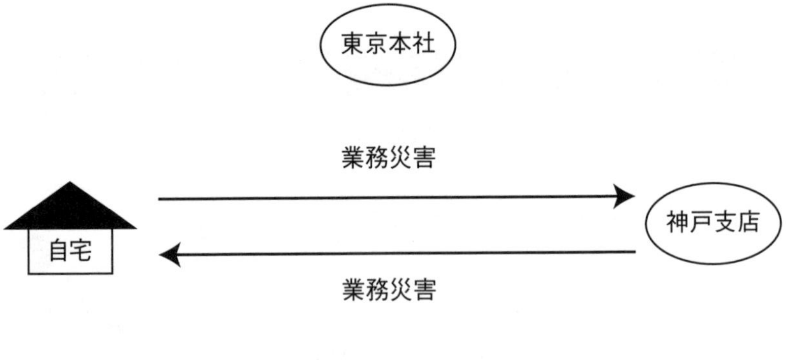

自宅から神戸支店に直行し、神戸支店で仕事をして、自宅に直帰するという終日出張の場合は、自宅を出てから神戸支店に着くまでの移動中に起きた災害は業務災害となります。神戸支店内で業務をしている間の災害も当然業務災害となり、神戸支店から自宅に直帰

する移動中に起きた災害も業務災害となります。このような場合には通勤災害は発生し得ません。

■事例２：東京本社所属の労働者が東京本社に出勤した後に、急遽神戸支店に出張となった場合（半日出張）

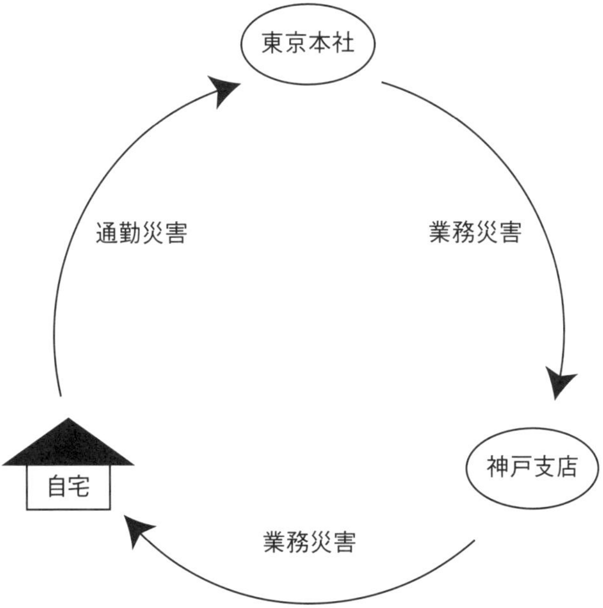

自宅から東京本社までは通勤災害の対象となります。しかし、急遽神戸支店への出張を命じられた場合は、東京本社から神戸支店の移動中の災害は業務災害となり、神戸支店内での業務をしている間、神戸支店から自宅へ戻る間に発生した災害は、業務災害となります。

次に、副業・兼業の場合を考えてみましょう。

この場合は同じ事業主で異なる場所ではなく、事業主が異なり、さらに場所も異なるというケースです。

労災保険はそれぞれの事業場でそれぞれの事業主の管理下で業務が原因となって発生した災害に対して行われる保険給付ですので、業務上の災害については、それぞれの事業場に対して適用されることになります。実際にその業務が本業なのか、副業・兼業なのか、ということで何か異なる扱いになることはありません。実際の労災事故が発生した場合の保険給付の手続きについては、後述します。

では次に、副業・兼業の場合の通勤災害はどのような取扱いになるか確認してみましょう。

まず、同じ日に本業の業務も副業・兼業の業務もあり、それぞれ勤務する場合は、どこまでがどちらの事業主の通勤災害になり得るのか、という問題があります。

■事例３：本業のＡ社で業務をした後に、副業・兼業のＢ社でも業務をした場合

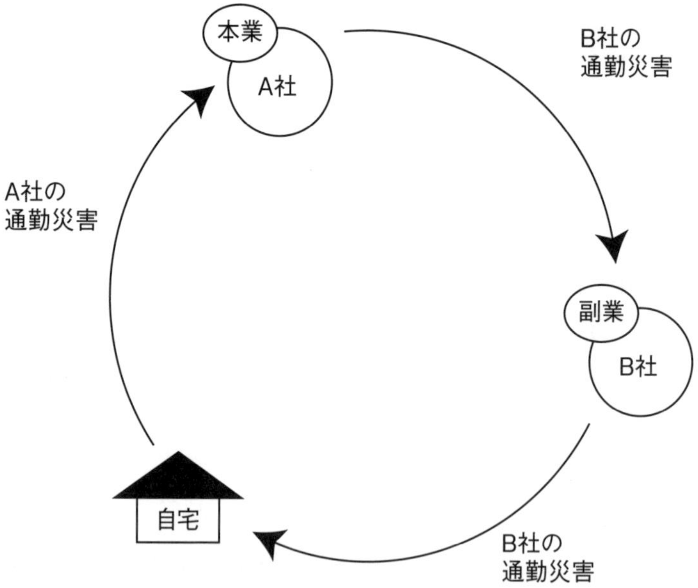

自宅から最初の勤務場所であるA社までの通勤途上に災害が発生した場合は、A社の通勤災害となります。A社での仕事が終わりその後そのまま、B社で仕事をするために移動する間に発生した災害については、B社の通勤災害となります。そしてB社での仕事が終わり自宅に帰る途中の災害については、B社の通勤災害となり得ます。

事業場間の移動については、移動の終点たる事業場において労務提供を行うために行われる通勤であると考えられるため、その移動の間に起こった災害については、終点たる事業場の保険関係で行うという通達が根拠となります（労働基準局長通知　平成18年3月31日付け基発第0331042号）。

POINT

◎副業・兼業をしている労働者が1つ目の就業場所から2つ目の就業場所に向かう途中で発生した災害は、2つ目の事業主の通勤災害として保険給付を受けることができる
◎この場合の保険給付は2社の賃金額を合算して算定する
◎この取扱いは令和2年9月1日以降に発生した傷病等に適用され、それ以前に発生したものには適用されない

この事例3は別の会社の業務をするために移動した場合の取扱いであって、同一事業主であれば、会社の拠点間移動中の災害については業務災害の取扱いになります。

〔A社内の拠点間移動の場合〕

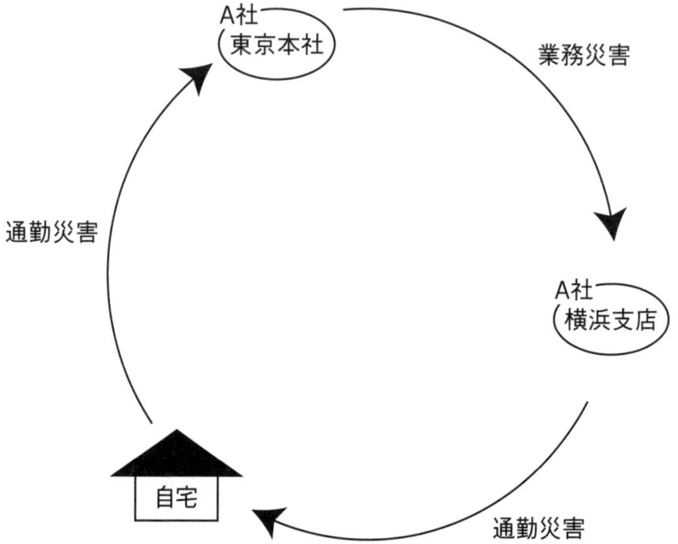

3 労災保険給付額の算定

労災保険の保険給付は主に治療費とされる療養のための給付のほか、療養するために休業したことで賃金を受けられない場合にその休業の補償給付、症状が固定したあとの障害給付、介護が必要となった場合の介護給付、死亡した場合に遺族に対して行われる遺族給付などがあります。

労災保険の給付のうち、療養（補償）等給付、介護（補償）等給付、二次健康診断等給付以外の保険給付は、原則として被災労働者の稼得能力により給付額が決まります。これらは被災により失われた稼得能力を補填する目的があるためで、それらの給付額を決定する元となるのは、「給付基礎日額」です。

給付基礎日額は、原則、労働基準法の平均賃金に相当する額です。

平均賃金とは、原則事故が発生した日または診断によって疾病が確定した日（賃金締切日が定められているときは、その直前の賃金締切日）の直前3か月間にその労働者に対して支払われた賃金総額をその期間の暦日数で除算した賃金額（1日あたりの賃金額）となります。

【平均賃金の計算方法】（労働基準法 12 条）

原則的な計算方法	事由発生日以前3か月間の賃金総額 ――――――――――― その期間の総日数（暦日数）

⑴　賃金総額とは

算定期間中に支払われるすべての賃金が含まれます。したがって、通勤手当、年次有給休暇の賃金、昼食料補助等も含まれます。また現実に支払われていなくても賃金支払が確定している未払い賃金も含まれます。通勤手当については６か月定期代が６か月単位で支給されている場合も、１か月ごとに支払われたものとしてみなして算定します。一方、臨時に支払われた賃金、賞与などの３か月を超える期間ごとに支払われる賃金は含まれません。

⑵　日数と賃金をともに控除する期間

事由発生日以前３か月の期間から算出しますが、その期間からも賃金からも控除するものは次のとおりです。

①　業務上負傷し、また疾病にかかり療養のために休業した期間
②　産前産後の休業した期間
③　使用者の責任によって休業した期間
④　育児・介護休業期間
⑤　試みの使用期間（試用期間）

休業（補償）等給付の額の算定基礎となる「給付基礎日額」は、賃金水準の変動に応じて増額または減額され、また療養開始から１年６か月経過後からは、年齢階層別の最低・最高限度額が適用されます（休業給付基礎日額）。賃金水準の変動というのは、厚生労働省が作成している「毎月勤労統計」の労働者１人あたりの１か月の平均給与によるものです。

また障害（補償）等年金、傷病（補償）等年金、遺族（補償）等年金などの年金給付の額の基礎となる給付基礎日額についても同様に賃金水準に応じた増額・減額があり、年金が支給される最初の月から年齢階層別の最低・最高限度額が適用されます。ただし船員については特例があります。

労災給付において、副業・兼業をしている労働者はどのような対

応になるのかを整理していきましょう。

令和２年９月に労災保険法の改正により、副業・兼業をしている労働者を想定して複数事業場で働いている労働者への対応が追加されました。

令和２年９月１日以降に発生した業務や通勤が原因でケガや病気になったり死亡したりした場合で、その時点で事業主が同一でない複数事業場と労働契約関係にある労働者のことを労災保険法では「複数事業労働者」と定義づけています。

■図表 2-6　複数事業労働者に関する原則の具体例

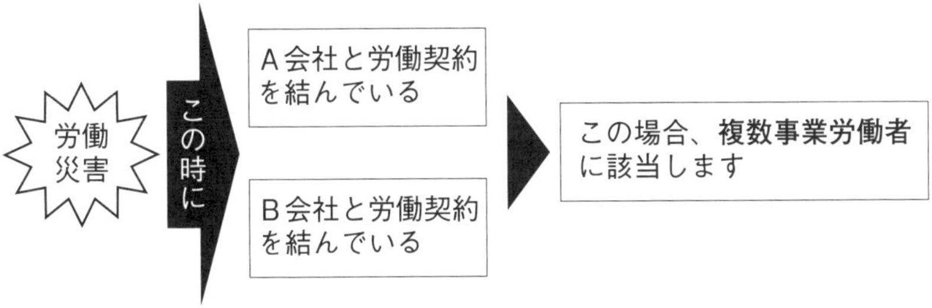

出典：厚生労働省・都道府県労働局・労働基準監督署パンフレット「複数事業労働者への労災保険給付　わかりやすい解説」

給付基礎日額は、会社から支給された給与額がもとになっているため、副業・兼業により複数の会社から給与が支給されている場合であっても、令和２年９月の改正前までは労災が適用される事業場からの給与支給額から算出される給付基礎日額で決定されていました。つまり、副業・兼業により複数の会社から給与が支給されているにもかかわらず、例えば療養が必要となり働くことができず、本業、副業・兼業ともに収入がなくなったとしても、労災給付としての給付は、労災が適用された会社からの給与だけで決定されるということが起きていました。

令和２年９月の法改正後からは、それぞれの事業場の給付基礎日額に相当する額を合算した額が給付基礎日額となったため、実態にあった給付に改正されたといえます。

■図表 2-7　改正内容（賃金額の合算）

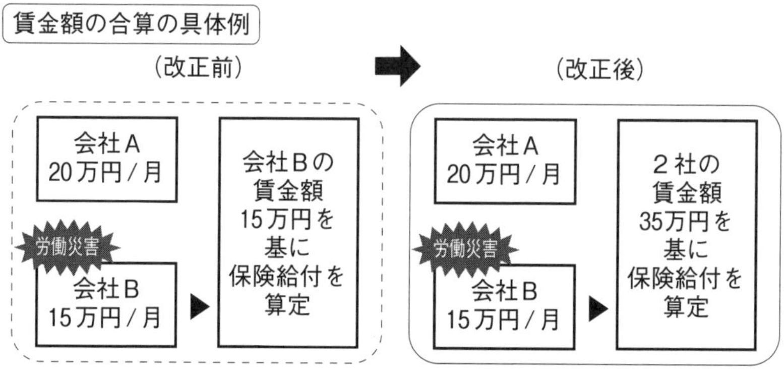

出典：厚生労働省・都道府県労働局・労働基準監督署パンフレット「複数事業労働者への労災保険給付　わかりやすい解説」

POINT

◎給付額は労災が発生した就業先の賃金とそれ以外の就業先の賃金を合算して算定される

◎この取扱いは令和２年９月１日以降に発生した傷病等に適用され、それ以前に発生したものには適用されない

会社を休んだ場合などの給付については、前述のとおりですが、仕事での負荷により脳・心臓疾患、精神障害などの疾病になった人が副業・兼業をしている場合も、法改正前は、まずはそれぞれの事業場での負荷（労働時間やストレスなど）について個別に評価し、労災認定できるかどうかを判断していました。つまりそれぞれの事業場ごとに個別評価して判断するだけだったのですが、改正後からは雇用されているすべての事業場等における仕事の負荷を「総合的

に評価して労災認定できるかどうか判断する」という方法に変わりました。このように、複数の事業の業務を要因とする傷病等についても労災保険の給付対象となり、その支給事由となる災害を「複数業務要因災害」といいます。

1つの会社でのみ業務上の負荷を評価するだけで労災認定が判断できる場合は、改正前と同様で複数業務要因災害とはならず業務災害となり、保険給付されます。その際の給付額は、対象の事業場だけではなくすべての就業先の賃金を合計した額を基礎に決定されます。

■図表 2-8 改正内容（賃金額の合算と負荷の総合的評価）

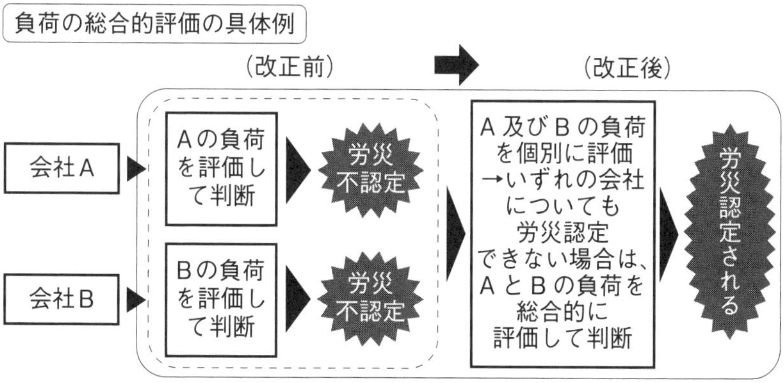

出典：厚生労働省・都道府県労働局・労働基準監督署パンフレット「複数事業労働者への労災保険給付　わかりやすい解説」

POINT

◎業務の過重性判断の流れ

個々の事業場で評価→個々には判断できない場合は複数事業場を総合的に評価

◎この取扱いは令和2年9月1日以降に発生した傷病等に適用され、それ以前に発生したものには適用されない

4　複数事業労働者の場合の手続き実務

(1)　複数事業労働者に該当するケース

労災の算定事由発生日（傷病等の発生した日または診断によって疾病の発生が確定した日）に事業主が同一でない複数の事業場で就業している場合に「複数事業労働者」となります。

つまり、事由が発生した日時点の労働契約の状況による、と考えます。

■図表 2-9　複数事業労働者に該当する場合

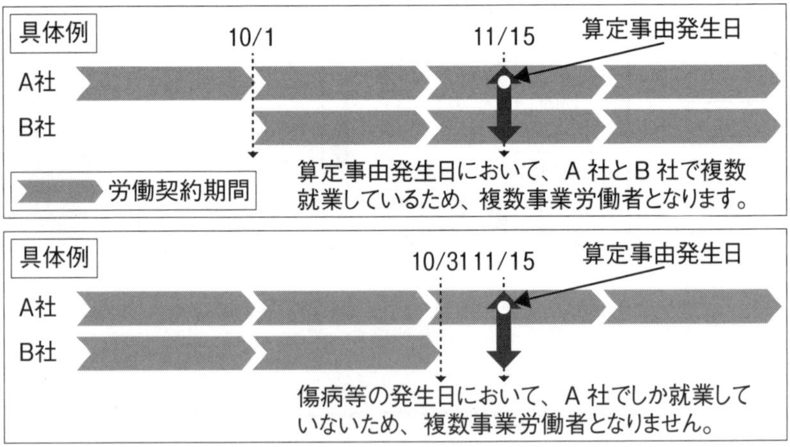

出典：厚生労働省・都道府県労働局・労働基準監督署パンフレット「複数事業労働者への労災保険給付　わかりやすい解説」

算定事由発生日には就業していなくても、「傷病等の原因または要因となる事由が生じた時点」で事業主が同一でない複数の事業場で就業している場合でも、「複数事業労働者」になります。そもそもの原因となることが発生していた時期が重なっていれば、それらも考慮はされる、と考えます。

(2) メリット制について

複数の事業場の業務場の負荷を総合して評価して労災認定の判断をするようになった改正ですが、この制度改正はメリット制に影響しません（労災保険には、各事業場の業務災害の多寡に応じた保険料率・保険料を増減させるメリット制があります）。

7　運用チェックポイント③　社会保険

1　社会保険制度概要と適用拡大

複数の会社との雇用契約があることで、社会保険はどのような取扱いになるのか、という点も整理しておく必要があります。現在のルールのほか、今後法改正が決まっている内容もありますので、それぞれについて確認していきましょう。

厚生年金保険と健康保険の被保険者になる要件は、適用事業所に常時使用される人で、年齢は厚生年金が70歳未満の人、健康保険が75歳未満の人となります。

「常時使用される」とは、適用事業所で労務提供をしてその対償として賃金を受けている使用関係が常用的であることとされています。パートタイマーやアルバイトなどの所定労働時間が短い人も、同じ事業所で業務に従事している通常の労働者の４分の３以上の所定労働時間および所定労働日数がある場合は対象となります。

2016年（平成28年）10月１日から以下の５つの要件を満たす場合に適用対象者となるという改正がされました。

①　週労働時間が20時間以上
②　月額賃金が8.8万円以上（目安：年収換算で約106万円以上）
③　雇用期間が継続して２か月を超えて見込まれる
④　学生ではない

⑤　従業員501人以上の企業

■図表 2-10　適用対象者

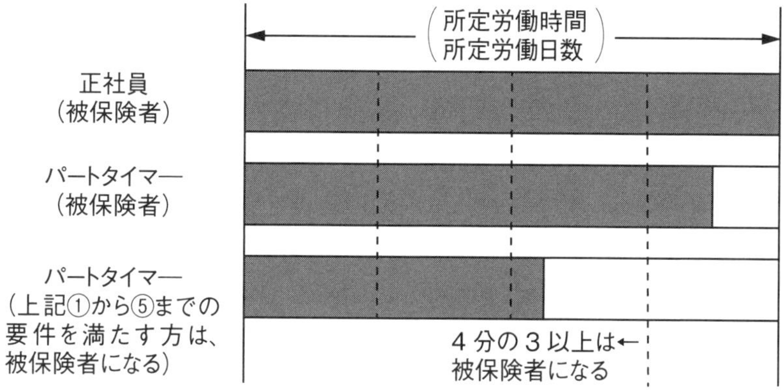

出典：日本年金機構のHPより

①　週の所定労働時間が20時間以上

この要件は雇用契約書などで定められた契約上の所定労働時間が20時間以上であることが条件となっていますので、時間外労働などは含まず判断します。

しかし実際の労働時間が連続する2か月において週20時間以上となった場合で、引き続き同様の状態が続いているまたは続くことが見込まれる場合は、実際の労働時間が週20時間以上となった月の3か月目の初日に被保険者の資格が取得されることになります。

②　月額賃金が8.8万円以上

この要件の「月額賃金」は基本給および諸手当をいい、次にあげる賃金は除外して算出します。

①　臨時に支払われる賃金（結婚手当等）

②　1か月を超える期間ごとに支払われる賃金（賞与等）

③　時間外労働に対して支払われる賃金、休日労働および深夜労働に対して支払われる賃金（割増賃金等）

④　最低賃金において算入しないことを定める賃金（精皆勤手当、通勤手当および家族手当）

つまり、通常の社会保険の手続きの際に使用する報酬の定義とも異なりますので、報酬月額と異なる概念で判断されることになります。

健康保険の被扶養者の要件は年間収入130万円未満ですが、この被扶養者の要件は満たしていても、この加入要件である月額賃金が8.8万円以上という要件も満たしていれば、被保険者になります。被扶養者になるか、自らが被保険者となるかは、本人に選択の余地があるわけではなく、当然に被保険者になることになります。

③　雇用期間が継続して２か月を超えて見込まれる

次のいずれかに該当する場合に２か月を超えて雇用されることが見込まれると判断されます。

①　就業規則、雇用契約書等その他の書面においてその契約が更新される旨または更新される場合がある旨が明示されていること

②　同一の事業所において同様の雇用契約に基づき雇用されている者が更新等により最初の雇用期間を超えて雇用された実績があること

ただし、上記いずれかに該当するときであっても、労使双方により最初の雇用契約を超えて雇用しないことに合意しているときは、雇用契約の期間を超えることが見込まれないこととして取り扱われます。

④　学生ではない

大学、高等学校、専修大学、各種学校（修業年限が１年以上の課程に限る）等に在学する生徒または学生は適用対象外となっています。これは雇用保険の取扱いと同じです。

ただし、休学中の学生や、夜間学生等は加入の対象となりますので注意しましょう。

⑤ 従業員 501 人以上の企業

501 人以上の企業という要件は、2016 年（平成 28 年）10 月 1 日からでしたが、この人数規模要件については、拡大することが決定しています。

2022 年 10 月からは対象企業が従業員 101 人から 500 人の企業も対象となり、2024 年 10 月からは従業員 51 人から 100 人の企業も対象となります。

この人数カウントについて「従業員」の数と役所のパンフレットなどでも示されていますが、正確には従業員ではない役員なども被保険者ですので、人数には含まれます。

図表 2-11 のとおり、従業員数に応じて順次適用拡大されていきますが、この従業員の人数のカウント方法は、現在の厚生年金保険の適用対象者数で判断されます。つまり、フルタイムの従業員とフルタイムの 4 分の 3 以上のパート・アルバイトなどの従業員の合計が 101 人以上、51 人以上であれば適用拡大となっていくわけです。この適用拡大により対象となるかどうかの手続きは、原則自主的に判断して届出することになっています。しかし直近 12 か月のうち、6 か月で基準を上回る人数となったと日本年金機構で判断されると適用されることになっています。

このような、厚生年金保険の被保険者が一定の数以上の事業所のことを「特定適用事業所」といいます。

また、任意特定適用事業所という制度があります。

この制度は、現在は 500 人以下の企業に属する事業所が「短時間労働者」が社会保険に加入することについての労使合意を行った場合に、被保険者数にかかわらず適用拡大するという仕組みです。つまり、人数が少ない企業であっても週 20 時間以上の短時間労働者を社会保険に加入するようにすることができるわけです。ただし、ここで注意しなければならないのは、任意特定適用事業所になるための手続きを行い一度適用されると、上記の加入要件を満たす人全

■図表 2-11　社会保険の適用拡大のイメージ

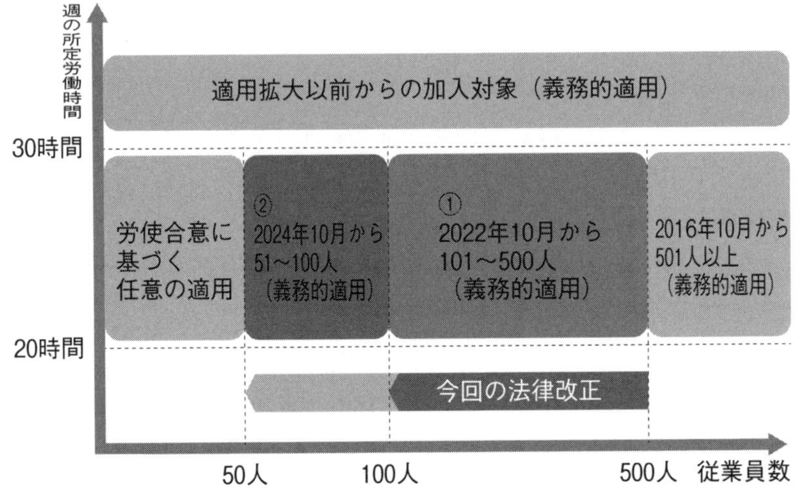

▶①2022年10月からの対象企業

2022年10月から、従業員数101人～500人の企業で働くパート・アルバイトが新たに社会保険の適用になります。

▶②2024年10月からの対象企業

2024年10月から、従業員数51人～100人の企業で働くパート・アルバイトが新たに社会保険の適用になります。

▶従業員数のカウント方法

従業員数は以下のA+Bの合計「現在の厚生年金保険の適用対象者」

A		B
フルタイムの従業員数	＋	**週労働時間がフルタイムの3/4以上の従業員数** ※従業員には、パート・アルバイトを含みます。

●Bは週労働時間及び月労働日数がフルタイムの3/4以上の従業員数です。

●原則として、従業員数の基準を常時（※）上回る場合には、適用対象になります。
　※自主的に判断し、速やかに届け出てください。なお、直近12ヶ月のうち6ヶ月で基準を上回ると日本年金機構において適用します。

●法人は、法人番号が同一の全企業を合計して、個人事業所は個々の事業所ごとにカウントします。

出典：厚生労働省・日本年金機構のリーフレット「社会保険適用拡大ガイドブック」より

員を加入させなければならなくなる、という点です。

そもそも任意で申請しようと考えるケースは、社内で社保に加入したいと考える週20時間超の短時間労働者からの要望がきっかけになっていることが多いです。しかしその希望者だけを加入させて、他の希望していない週20時間以上の短時間労働者は加入しないということはできません。会社として適用されると、個別の希望に応じて資格取得できる、できないというわけではなくなります。

この手続きにおいて、必要となるのが「任意特定適用事業所の申し出に係る労使合意」です。これは、厚生年金の被保険者、70歳以上被用者および短時間労働者の過半数で組織する労働組合がある場合は、その労働組合の同意が必要で、労働組合がない場合は、過半数代表者の同意または対象者の2分の1以上の同意が必要となります。

また、特定適用事業所不該当届という届出があります。

現在、厚生年金保険の被保険者の総数が常時500人を超えなくなった場合であっても、引き続き特定適用事業所であるものとして取り扱われますが、被保険者の4分の3以上の同意を得て、特定適用事業所不該当届を提出した場合に、特定適用事業所に該当しなくなったものとして取り扱われるという制度です。つまり、被保険者数が減ったことにより、自動的に不該当になるわけではなく、改めて手続きをしない限り、特定適用事業所が継続されることになります。

2　社会保険二以上事業所勤務届

副業・兼業により複数の事業所との雇用契約を締結した場合で、それぞれの雇用契約の内容によっては、社会保険の被保険者として資格取得することが必要になることがあります。つまり、複数の社会保険適用事業所ごとに、被保険者となり得るかどうかを判断しなければならず、もし２か所以上で資格取得届の提出が必要な場合には、ただ資格取得届を提出するだけではなく、被保険者が主たる事業所を選択して届出をしなければならないという手続きがあります。その届出が「二以上事業所勤務届」です。

では、二以上事業所勤務届が必要になる事例はどのようなケースでしょうか。

【事例】

A社：従業員数501人以上の特定適用事業所。雇用契約は週20時間以上勤務

B社：従業員数501人以上の特定適用事業所。雇用契約は週20時間以上勤務

以前は、社会保険の被保険者の加入要件が、すべての事業所においてその事業所の通常の労働者の４分の３以上の所定労働時間の場合となっていたため、事例のようなケースはどちらの事業所でも加入要件を満たしませんでした。しかし、現在は会社の人数規模によっては特定適用事業所になるため、結果として複数社で加入要件を満たすという事象が発生する可能性が出てきました。

上記の事例以外にも、複数の会社で常勤の役員として働いている場合などにも、複数の事業所で資格取得の要件を満たすことになり、二以上事業所勤務届が必要になります。

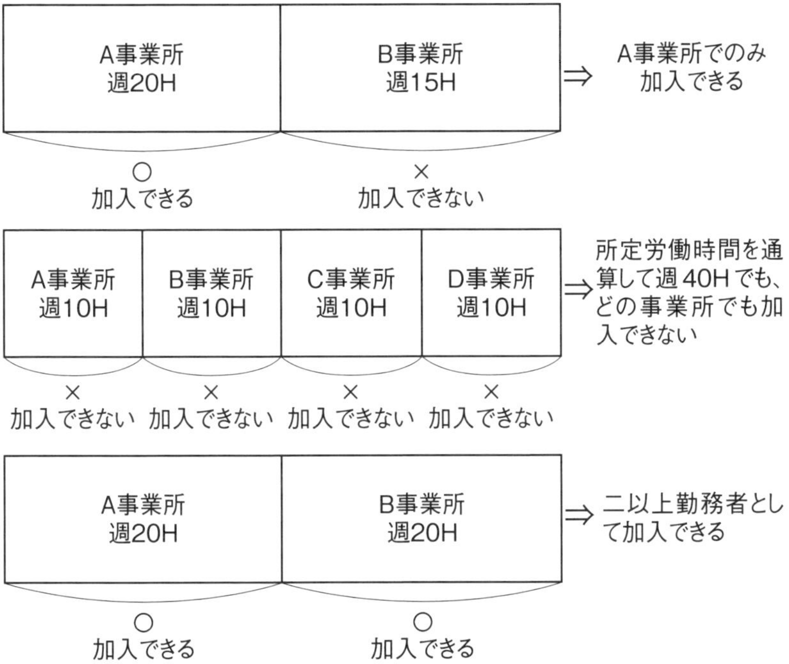

(1) 社会保険加入要件を満たさなければ、被保険者になれない

そもそもそれぞれの適用事業所で加入要件を満たさないと被保険者にはなれません。前述のケースでは、いずれも特定適用事業所だったため、二以上勤務者に該当しますが、従業員の人数が少ない適用事業所であれば、週20時間の所定労働時間であれば被保険者になれませんので、2社とも、またはいずれかがそうであれば二以上勤務者になることはできません。

つまり、社会保険の加入要件を満たすかどうかの判断の一つである所定労働時間は、それぞれの事業所で判断されることになります。

(2)　「二以上勤務者」の手続きの流れ

二以上事業所勤務届により主たる事業所の選択が必要となる場合は、次の場合です。

①　保険者の一方が健康保険組合である場合
②　保険者がいずれも健康保険組合である場合
③　保険者の一方が全国健康保険協会、他方が健康保険組合である場合
④　保険者がいずれも全国健康保険協会で、二以上の事業所を管轄する年金事務所が異なる場合（年金事務所を選択します）
⑤　保険者がいずれも全国健康保険協会で、二以上の事業所を管轄する年金事務所が同一の場合（事業所を選択します）

1　被保険者資格取得届の届出

最初は、通常と同じで「健康保険・厚生年金保険　被保険者資格取得届」を作成して届出します。これは被保険者の加入要件を満たした事業所それぞれでの手続きとなります。

⬇

2　二以上事業所勤務届の届出

次に、被保険者がどの事業所を主たる事業所として選択するかを決めて、選択した主たる事業所の所在地を管轄する事務センター（または健康保険組合）に「健康保険・厚生年金保険被保険者所属選択・二以上事業所勤務届」を作成して届出します。この際には、すでに協会けんぽの被保険者だった場合は、健康保険被保険者証も添付して届出します。また、もし健康保険組合を選択した場合であっても、厚生年金保険の事務は必要ですので、事務センターへの届出が必要となります。

⬇

3　健康保険被保険者証の受領

すでに被保険者であり健康保険被保険者証を持っている事業所を

主たる事業所として選択した場合も、二以上勤務届を届出すると、新しい健康保険被保険者証になりますので、それを受領して使用することになります。

⑶ 「二以上勤務者」の保険料はどのようになるのか

二以上勤務者の保険料は、それぞれの事業所からの納付が必要となりますが、他の被保険者とは保険料の算出方法が異なります。

通常の被保険者は、適用事業所から支払われる報酬により標準報酬月額が決まりますが、二以上勤務者の場合は、それぞれの事業所から支払われる報酬を合算してその被保険者の標準報酬月額が決まります。

通常の被保険者は、毎月の給与処理で決まった標準報酬月額に応じて決まった保険料を控除すればよいですが、二以上勤務者の場合の保険料は、それぞれの事業所で支払われる報酬額に応じて按分して決定した保険料を控除することになります。つまり、通常の被保険者のように標準報酬の等級ごとの保険料額表どおりにはなりませんので、個別に控除する保険料が決まります。

保険料は、保険者からそれぞれの事業所に通知書が送付されてきますので、そちらの案内をよく確認しておきましょう。

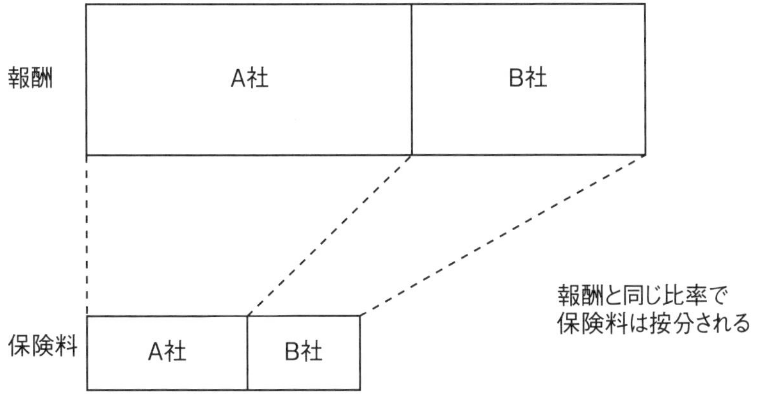

保険料は各社の報酬の支給額の割合に応じて按分されることから、すでに最初の１社の報酬だけで最高等級以上の報酬になっている場合は、２社目以降の報酬を合算した額を含めて保険料が按分されるため、最初の１社が負担する保険料は二以上勤務者になることで下がることもあります。

二以上勤務者としての届出をしたあとは、算定基礎届、月額変更届、賞与支払届とそれぞれの事業所からの届出が必要となります。

また、随時改定に該当するかどうかという確認もそれぞれの事業所での昇降給に応じて対応しなければなりませんので、それぞれの事業所で確認をして届出事務を行うことになります。

■図表 2-12　被保険者所属選択・二以上事業所勤務届の書き方

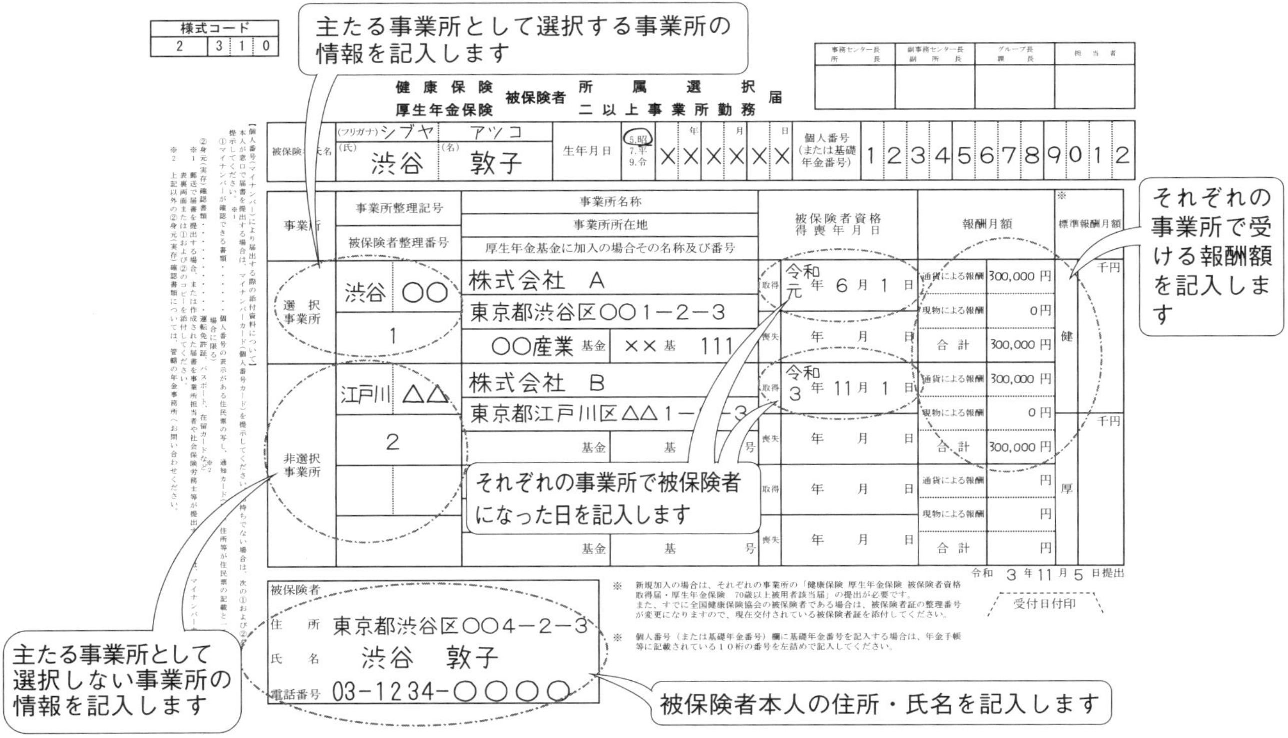

3　社会保険給付に関する課題

老齢年金は、老齢基礎年金と老齢厚生年金の２段構成となっています。厚生年金の被保険者として在職している場合は、受給している老齢厚生年金の基本月額[*4]と総報酬月額相当額[*5]に応じて、年金額の全部または一部が支給停止される仕組みになっています。

＊４　基本月額とは、１年間に受け取る老齢厚生年金の総額を12か月で割って１か月単位にしたものをいいます。

＊５　総報酬月額相当額とは、社会保険の算定で決定した月の標準報酬月額と、その月以前１年間の標準賞与額の総額を12か月で割って１か月単位にしたものを加算した金額をいいます。

60歳から65未満の在職老齢年金の支給停止される仕組みは、2022年３月までは**図表 2-13**のとおりでした。

これが2022年４月１日より、「28万円」の部分が「47万円」に引き上げられます。

この改正により年金の支給停止になる基準額が引き上げられることから、副業・兼業によって厚生年金の被保険者として受け取る報酬が増えても、時間などを調整しながら働くような必要もなくなり、より副業・兼業による労働時間を増やすことができる可能性があると考えられます。

会社が提示する労働条件も、在職老齢年金の支給停止基準額の引き上げを考慮して、検討することもできるでしょう。

ちなみに、65歳以上の在職老齢年金は、現在でも基本月額と総報酬月額相当額の合計額が47万円以下であれば全額支給される仕組みになっています。つまり、2022年４月施行後からは60歳以上であれば、65歳以上であるかどうかは関係なく、同じ仕組みになるということです。

■図表2-13　60歳から65未満の在職老齢年金の支給停止される仕組み

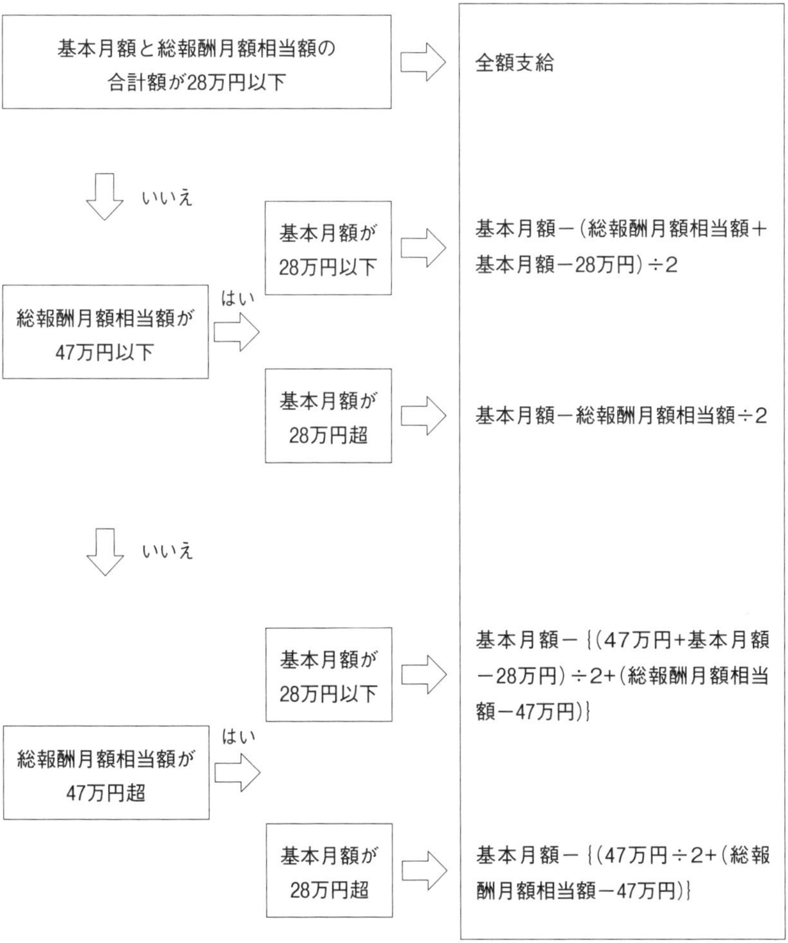

出典：日本年金機構のホームページより作成

8　運用チェックポイント　④　雇用保険

1　雇用保険制度概要と法改正情報

雇用保険の適用事業に雇用される労働者は原則として被保険者となりますが、次のいずれかに該当する場合は被保険者になりません。

① 1週間の所定労働時間が20時間未満である者
② 同一の事業主に継続して31日以上雇用されることが見込まれない者

■週20時間未満の短時間勤務の場合は、被保険者になれない

所定労働時間が短い場合は雇用保険の被保険者にはなれないため、複数の事業所に雇用されていたとしても、それぞれの事業所での所定労働時間が週20時間未満であればどの事業所でも雇用保険の被保険者になれないという現状があります。

次のように、たとえ通算した労働時間が週40時間になるとしても、一つひとつの事業所での労働時間で判断されるため、どの事業所でも雇用保険の被保険者になれないという現象があり得ることになります。

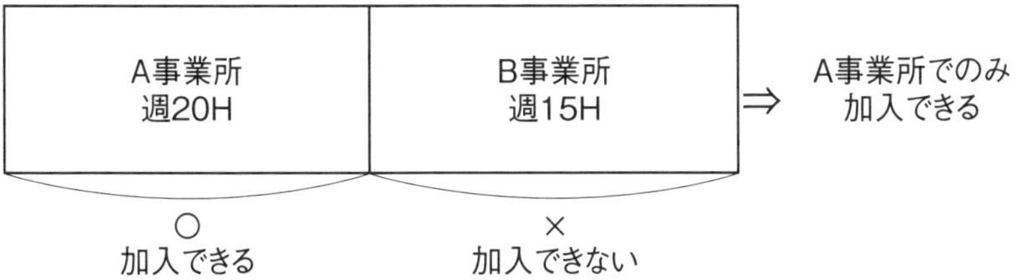

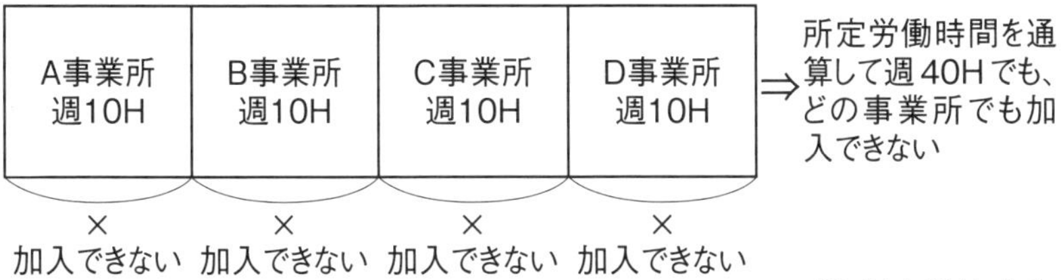

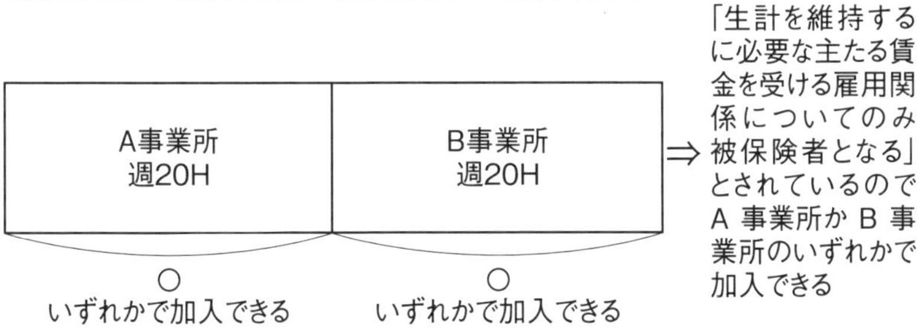

このような状況下ですが、令和4年1月から、65歳以上の労働者については、労働者本人の申し出により、雇用保険の被保険者要件を満たさない場合であっても、二の事業所の労働時間を合算して雇用保険を適用する制度が始まっています。

要件は、次のとおりです。

① 2以上の事業主の適用事業に雇用された65歳以上の者

② 1の事業主の適用事業における1週間の所定労働時間が20時間未満

③ 2の事業主の適用事業における1週間の所定労働時間の合計が20時間以上

⇒5時間以上20時間未満の複数事業所の所定労働時間を合算し

て20時間以上であれば可

つまり、所定労働時間が20時間未満の雇用契約を複数社と締結している65歳以上の人は、その所定労働時間を通算して被保険者になりたいと本人が申し出をすれば可能となるという制度です。具体的な手続きは、本人の居住地管轄のハローワークに本人が申し出することになります。

ちなみに、65歳以上の労働者に限った改正なのは、この年齢は近年マルチジョブホルダーとしての働き方が相対的に高い割合で増加しているため、とのことです。

実は今回の改正では65歳以上の人が対象となっていますが、そもそもこの65歳以上の人が雇用保険の適用対象となったのは、平成29年1月1日からです。改正以前は、65歳以上の人は適用除外でしたので、新たに65歳以上の人が入社してきて週20時間以上の労働契約を締結したとしても、雇用保険の被保険者にはなれませんでした。平成29年1月1日から65歳以上の人も「高年齢被保険者」として雇用保険の適用対象となり、65歳以降に新たに入社した場合も雇用保険の被保険者になれるようになったという背景からも、高年齢者の就労を促進するための改正を着々と進めてきているといえるでしょう。

2 雇用保険給付に関する課題

雇用保険制度には、失業等給付や育児休業給付などがありますが、副業・兼業などにより複数就業をする人に対するセーフティネットの整備の一つとして、前述の65歳以上の適用拡大のほかに改正された内容があります。それは勤務日数が少ない人でも、適切に雇用保険の給付を受けることができるように、被保険者期間の算入方法に、日数だけではなく労働時間による基準も設定されたことです。

失業等給付を受けるために必要な要件の一つである被保険者期間は、離職した日以前の2年間に通算して12か月以上あることが必要です。この1か月のカウントは、賃金支払基礎日数が11日以上ある月とされていました。しかしそれに加えて労働時間数が80時間以上ある月、という要件も令和2年8月に追加されました。

これは1か月11日以上働いていなくても、1か月80時間以上働いていれば対象となるということですから、例えば1日8時間で10日勤務したという場合でも、被保険者期間としてカウント可能な月となります。今までよりも少ない日数でも失業等給付を受給できる可能性があるということです。これにより、複数の事業所で就労している人にとっては出勤日数だけではなく総労働時間でも判断されることで、より柔軟な働き方の可能性が広がります。

9　運用チェックポイント⑤　所得税

1　所得税の制度概要と計算の仕組み

会社は、通常、社員一人ひとりの年間の給与を把握しており、年末調整という手続きを経て、会社が各社員に代わって、社員全員分の所得税の計算をまとめて行います。そのため、会社員が自ら、所得税額を計算し、確定申告をして納付するという手続きをふむことは非常に稀なことです。

その一方、正社員で働いている会社員が、副業・兼業としてアルバイトやその他の副収入を得た場合、本業先は、副業先の給与等の情報を保有しておらず、まとめて年末調整をすることはできません。したがって、会社員が副業・兼業としてアルバイトやその他の副収入を得る場合には、原則として、確定申告が必要になることから、所得税の仕組みについて知っておくことは非常に重要です。

ここでは、副業・兼業の所得税について説明しますが、まずは所得税の計算の仕組みについて解説し、計算の仕組みを理解していただいてから、副業・兼業にかかる所得税の個別の論点について解説します。

⑴　所得税の税率

所得税は、毎年１月１日から12月31日までの１年間に、個人が稼いだ「所得」に対してかかる税金です。所得とは、収入から経費を差し引いたもので、もらった収入に丸々税金がかかるわけではありません。例えば、収入が700万円、必要経費が300万円であれば、この収入から経費を差し引いた400万円が「所得」ということになります。

給与所得者の場合は、収入金額から必要経費を差し引くことはできませんが、この必要経費に代わり、給与所得控除額を差し引くことができます。給与所得控除額とは、給与等の収入に応じて税法で定められている金額で、以下の計算表に当てはめて計算します。

【給与所得控除額の計算表】

給与等の収入金額		給与所得控除額
55万円以下		収入金額
55万円超	162.5万円以下	55万円
162.5万円超	180万円以下	収入金額×40%－10万円
180万円超	360万円以下	収入金額×30%＋8万円
360万円超	660万円以下	収入金額×20%＋44万円
660万円超	850万円以下	収入金額×10%＋110万円
850万円超		195万円

給与等の収入金額の合計額が600万円の人の場合は、上記、給与所得控除額の計算表に当てはめて計算すると、164万円（600万円×20%＋44万円）が給与所得控除額ということになります。したがって、給与収入600万円から給与所得控除額164万円を差し引いた436万円が「所得」ということになります。なお、給与等の収入金額とは、その年中に収入することが確定した金額で、所得税や社会保険料等を差し引く前の額面金額のことをいいます。

所得さえ計算できれば、所得に以下の税率をかけて税額を算出します。

【所得税の税率表】

課税される所得金額	税率
195 万円以下の部分の金額	5%
195 万円超　330 万円以下の部分の金額	10%
330 万円超　695 万円以下の部分の金額	20%
695 万円超　900 万円以下の部分の金額	23%
900 万円超　1,800 万円以下の部分の金額	33%
1,800 万円超　4,000 万円以下の部分の金額	40%
4,000 万円超を超える部分の金額	45%

所得が 400 万円の人の場合は、20% までの税率が適用され、所得税は 37.25 万円と計算されます。計算式を示すと以下のようになります。

（195 万円× 5%）＋（135 万円×10%）＋（70 万円×20%）＝ 37.25 万円

所得税の税率表における税率は、所得 400 万円の場合、330 万円超 695 万円以下の 20% ラインですが、所得が 330 万円を超えたからといって、400 万円全体に 20% が適用されるわけではありません。あくまでも、195 万円までは税率 5%、195 万円超 330 万円までが税率 10%、330 万円超 400 万円までが税率 20% となります。

【所得税率の適用イメージ】 ■は税額

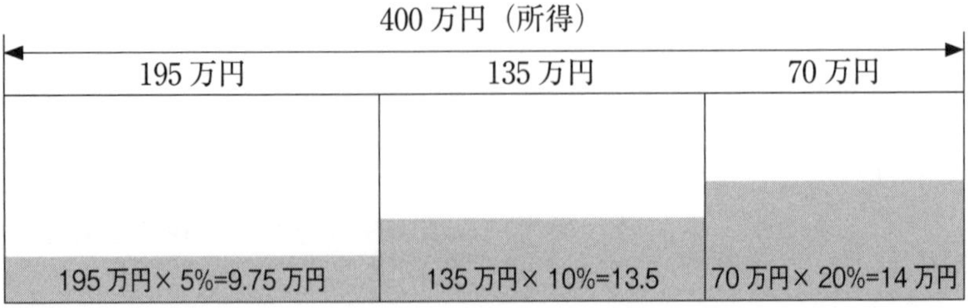

税率は5%から45%の7段階に区分されており、所得が多くなればなるほど、税金もまた増える仕組みです。なお、納税者の支払能力に応じて税金を負担するこの仕組みを、超過累進税率といい、経済格差の緩和（所得再分配）機能があるとされています。

【所得税の計算イメージ】

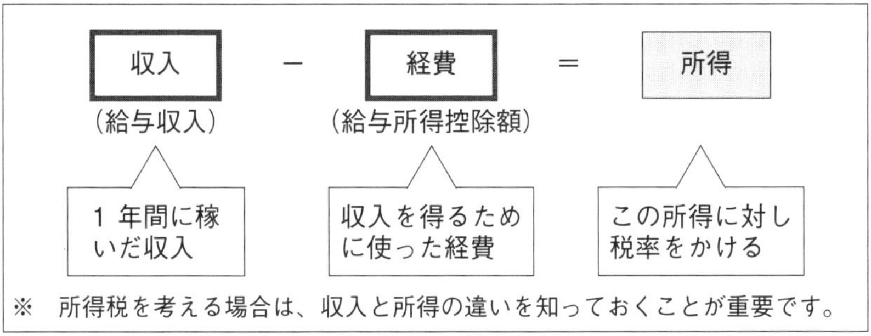

⑵ 所得の種類

所得税は、所得さえ求めることができれば、税率をかけるだけで計算できますが、この所得それ自体の考え方が非常に重要です。所得と一口にいっても、勤労による所得なのか、資産から生じた所得なのか、あるいは、その所得が一時的に発生したものなのか、長期間にわたって発生したものなのかによって、その所得を生み出すためにかけた労力が各個人で異なるからです。例えば、個人の稼ぎ方の違いによって、以下のような所得に分類することができます。

① サラリーマンの給料のように会社等に務めている人が得る所得
② 商業や農業等、事業の経営によって得る所得
③ 土地や建物、株式等の資産を売って得る所得
④ 預金の利子や株式配当、不動産賃貸料等、資産を運用して得る所得
⑤ 退職金や生命保険契約の満期一時金等、臨時的、一時的に得る所得

給料や事業などの継続的な所得は、預金の利子や配当金などの一時的な所得に比べて、個人が税金を負担することのできる経済的能力（担税力）が異なります。所得税では、このような稼ぎ方の違いによって、不公平な税負担とならないように、所得の性質や発生形態によって、所得を10種類に区分し、各所得の性質に応じた計算方法を定めています。

給与所得者の所得を計算する場合は、必要経費に代えて、給与所得控除額を差し引いて計算することを前節で解説しましたが、その他、10種類の所得とその計算方法は以下のように区分されています。

【所得の種類と計算方法】

所得の種類	所得の内容	所得金額の計算方法
給　与	給料、賃金、賞与等	**収入金額－給与所得控除額**
事　業	商工業、農業等の事業	**収入金額－必要経費**
不動産	土地、建物等の賃貸料	**収入金額－必要経費**
譲　渡	土地、建物、株式等の売却	**収入金額－（取得費＋譲渡費用）－特別控除額**
利　子	預貯金、国債、社債等の利子	**収入金額＝所得金額**
配　当	株式等の剰余金の配当	**収入金額－借入金利子**
退　職	退職手当	**（収入金額－退職所得控除額）× 1/2**
山　林	山林の立木等の売却	**収入金額－必要経費－特別控除額**
一　時	賞金、生命保険の満期一時金等	**収入金額－特別控除額**
雑	国民年金、厚生年金等	**収入金額－公的年金等控除額**
	上記のいずれにも当てはまらないもの	**収入金額－必要経費**

上記のように所得の種類に応じて、まずは、１年間に得た所得を種類別に区分することが重要になります。そのうえで、それぞれの所得ごとに、いくらの所得があったかを個別に計算し、合算します。例えば、給与所得と不動産所得がある場合は、給与所得と不動産所得をそれぞれの計算方法により算出し、それを合算したものに税率をかけます（分離課税という例外がありますが、本稿では割愛します）。

所得には10種類ある				
給与所得	不動産所得	事業所得	配当所得	利子所得
譲渡所得	退職所得	山林所得	一時所得	雑所得

⑶ 所得控除

個人によって納められる所得税は、たとえ所得が同一の人であっても、その個人や家族の生活事情等によって、税金の負担能力に差が出てきます。医療費が多くかさむ人、家族に障害者がいる人、扶養家族が多い人とそうでない人では、同じ所得であってもその負担感が違ってきます。そこで、所得税では、人的な事情を考慮して、一定の金額を所得金額から差し引いた後で税額の計算をする仕組みになっています。つまり、個人の特殊事情等も加味することで、負担の調整をしているのです。

これを所得控除といいますが、このような所得控除は、扶養控除や配偶者控除、医療費控除等、15種類の控除額があり、控除できる金額もそれぞれです。

【所得控除一覧】

所得控除	控除要件	主な控除額
医療費控除	多額の医療費を支払ったとき	10万円超の医療費等
雑損控除	災害などで生活用資産に損害を受けたとき	5万円超の災害支出等
社会保険料控除	健康保険料や年金保険料を支払ったとき	支払った社会保険料の額
生命保険料控除	生命保険料を支払ったとき	支払った保険料の一定額
地震保険料控除	地震保険料を支払ったとき	最高5万円
寄附金控除	国や地方公共団体に寄附をしたとき	2,000円超の寄附額
障害者控除	本人や家族が障害者であるとき	27万円～
寡婦控除	配偶者と死別しているとき	27万円
ひとり親控除	ひとり親が子を扶養しているとき	35万円
扶養控除	16歳以上の一定の扶養親族がいるとき	38万円～

配偶者控除	配偶者の合計所得が 48 万円以下のとき	**最高 38 万円**
配偶者特別控除	配偶者の合計所得が 48 万円超 133 万円以下のとき	**最高 38 万円**
勤労学生控除	本人が学生のとき	**27 万円**
小規模企業共済等掛金控除	共済掛金を支払ったとき	**支払った掛金の額**
基礎控除	本人の所得が 2,500 万円以下のとき	**最高 48 万円**

所得控除の要件に当てはまる場合には、各種所得の金額の合計額から各種所得控除の額の合計額を差し引いて所得を計算します。なお、所得控除は、各個人の事情による担税力を考慮したものの他、生命保険料控除や社会保険料控除等のように、国の社会政策上の要請によるもの等があります。

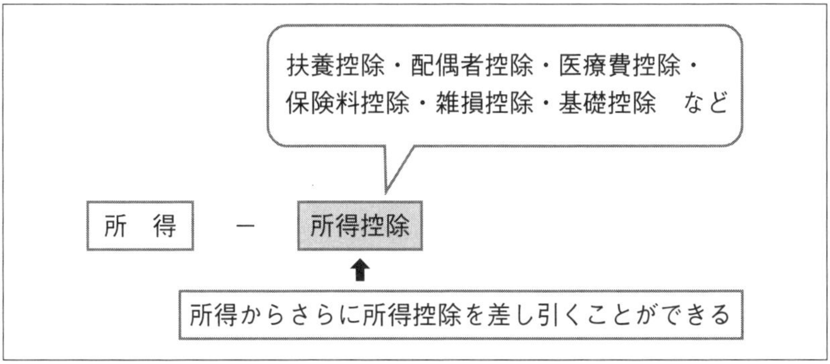

⑷ 所得税計算の全体像

所得税は、所得に対して税率をかけて計算しますが、所得には 10 種類の所得があり、それぞれ個別に計算します。個別に計算した所得を合算した金額から、所得控除額を差し引き、ここに税率を適用します。

【所得税の計算プロセス】

10 種類の「所得」の区分 それぞれ種類ごとに計算して合算＝「合計所得」

⬇

「所得控除」を差し引く

⬇

「税率」を適用する

この３段階を経て、税額が計算されます。

簡単な計算例を示すと以下のようになります。

【給与所得 500 万円、不動産所得 200 万円、雑所得 100 万円、医療費控除 15 万円、扶養控除 38 万円の場合の計算例】

総所得 800 万円（500 万円＋ 200 万円＋ 100 万円）－所得控除 53 万円（15 万円＋ 38 万円）＝課税所得 747 万円

所得税額 108.21 万円
{(195 万円× 5%）＋（135 万円× 10%）＋（365 万円× 20%）＋（52 万円× 23%)}

なお、所得税では、この課税所得金額に税率を乗じて算出した所得税額から、国の政策上の要請や二重課税の排除という側面から、さらに一定の金額を控除する制度があります。住宅借入金等特別控除（住宅ローン控除）や配当控除等の税額控除はその一例ですが、税額控除の要件を満たす場合は、所得税額から直接、一定の税額を控除できます。

2　所得税の源泉徴収と確定申告

所得税は、納税者本人が所得金額と所得税額を自ら計算し、自主的に申告して納税する仕組みが採用されています。これを申告納税制度といい、所得税の確定申告とは、その年の1月1日から12月31日までの1年間に得た所得を計算し、納付税額がある場合は、その翌年の2月16日から3月15日までに、源泉徴収税額等の還付を受ける場合は、その翌年の1月1日から3月15日までの申告期限内に確定申告書に記載して税務署に提出することをいいます。

その一方で、サラリーマンやパートタイマー等の給与所得者は、給与から所得税が天引きされて支払われる源泉徴収制度が採用されています。給与所得者の所得税を給与から天引きし、会社が給与所得者に代わって納税することで、納税の手続きを簡素化し、確実に税金を徴収する仕組みです。

(1)　源泉徴収義務者と源泉徴収税額の納付

会社は、給与等の支払いの都度、支払金額に応じた所得税を差し引くことになっていますが、この差し引いた所得税を本人に代わって、国に納める義務のある者を源泉徴収義務者といいます。源泉徴収義務者となる者は、会社だけではありません。給与等の支払いをする個人事業主や学校、官公庁、人格のない社団・財団なども源泉徴収義務者になります。

源泉徴収義務者は、源泉徴収した税金を、原則として、源泉徴収した日の属する月の翌月10日までに国に納付しなければなりません。ただし、給与の支給人員が常時10人未満である場合は、1月～6月分を7月10日までに、7月～12月分を翌年1月20日まで

【源泉徴収の仕組み】

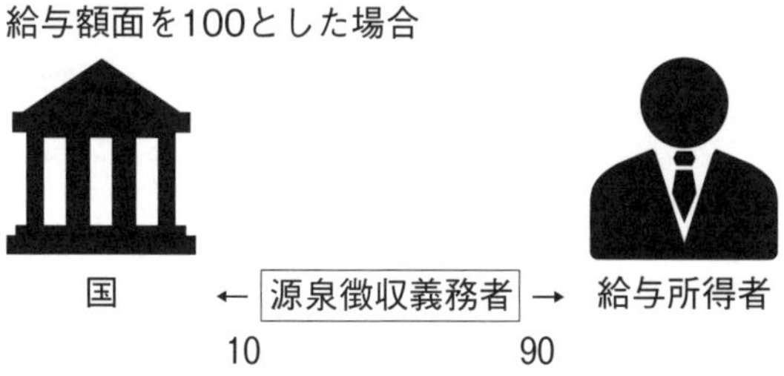

に、半年分をまとめて納付できる特例があります。なお、この特例の適用を受けるためには「源泉所得税の納期の特例の承認に関する申請書」を税務署長に提出し、承認を受ける必要があります。

⑵　年末調整

毎月支給される給与等の支払いから天引きされる源泉徴収税額の年間の合計額は、その人が年間に納める所得税の額と必ずしも一致しません。それは、生命保険料控除や配偶者特別控除等が毎月の源泉徴収に加味されていないことや、婚姻等により控除対象扶養親族の数が増加したり、給与の額に変動があったりする等の理由によります。

そのため、その年の最後の給与の支払いを受けるとき（通常は12月）に、過不足税額の精算を行います。不足額があれば、最後の給与の支給額から徴収し、徴収しすぎた場合は徴収しすぎた税額を還付することによって、年間の所得総額に対する税額と一致させます。これを年末調整といい、給与所得者は、原則として、この年末調整により１年間の所得税の納税が完了します。なお、給与収入が年間2,000万円を超える人は、そもそも年末調整をすることができず、確定申告をしなければなりません。

(3) 扶養控除等申告書

扶養控除等申告書は、従業員が会社に提出する書類で、その年の最初の給与の支払日の前日までに提出することになっています。この書類の提出は地味に重要です。給与の支払いを受ける従業員が、その給与から毎月源泉徴収される税額について、扶養控除等の優遇を受けられる条件になっているからです。

給与収入から源泉徴収される税額は、税法で決められた一覧表になっており、その欄ごとに「甲欄（こうらん）」、「乙欄（おつらん）」という欄の区分になっています。

甲欄による源泉徴収税額は、年間の所得税額計算を反映するものであり、その年度における所得税率と同水準となるような税率で設定され、各種の人的な所得控除も反映します。そのため、源泉徴収税額を大きく軽減するものであるといえます。その一方で、乙欄による源泉徴収税額は、複数の会社等から給与等を受けている人に対し、確定申告を促すことを前提としており、所得税を過大に源泉徴収する算定方法です。

次頁の「給与所得の源泉徴収税額表」のように、甲欄と乙欄では、同じ給与水準であっても、源泉徴収税額に5倍以上の開きがあります。確定申告によって、源泉徴収された税金を精算できますので、その年の確定税額に影響はありませんが、受け取り時点の手取額に大きく影響します。

また、扶養控除等申告書は、1か所の会社にしか提出できず、この書類の提出がないと年末調整をすることもできません。通常は給与収入が多い本業の会社に提出し、副業先の会社には提出しないほうが有利となります。

なお、この書類の提出を誤った場合の責任の所在は、従業員側にありますが、扶養控除等申告書の提出がないにもかかわらず、甲欄による源泉徴収をしてしまった場合の税務上のペナルティーは、源泉徴収義務者である会社側が責任を負うことになりますので、会社の担当者が、扶養控除等申告書の提出を促す際は、この点について十分なアナウンスが必要となります。また、給与等の支払者は、扶養控除等申告書を、その提出期限の属する年の翌年１月10日の翌日から７年間保管しなければなりません。

【給与所得の源泉徴収税額表】

（四）　　　　（440,000円～589,999円）

その月の社会保険料等控除後の給与等の金額		甲								乙
		扶養親族等の数								
		0人	1人	2人	3人	4人	5人	6人	7人	
以上	未満	税額								税額
円	円	円	円	円	円	円	円	円	円	円
440,000	443,000	20,090	16,700	13,470	10,240	7,650	6,030	4,420	2,800	113,600
443,000	446,000	20,580	16,950	13,710	10,490	7,770	6,160	4,540	2,920	115,400
446,000	449,000	21,070	17,190	13,960	10,730	7,890	6,280	4,670	3,040	117,100
449,000	452,000	21,560	17,440	14,200	10,980	8,010	6,400	4,790	3,170	118,700
452,000	455,000	22,050	17,680	14,450	11,220	8,140	6,520	4,910	3,290	120,500
455,000	458,000	22,540	17,930	14,690	11,470	8,260	6,650	5,030	3,410	122,200
458,000	461,000	23,030	18,170	14,940	11,710	8,470	6,770	5,160	3,530	123,800
461,000	464,000	23,520	18,420	15,180	11,960	8,720	6,890	5,280	3,660	125,600
464,000	467,000	24,010	18,660	15,430	12,200	8,960	7,010	5,400	3,780	127,300
467,000	470,000	24,500	18,910	15,670	12,450	9,210	7,140	5,520	3,900	129,000
470,000	473,000	24,990	19,150	15,920	12,690	9,450	7,260	5,650	4,020	130,700
473,000	476,000	25,480	19,400	16,160	12,940	9,700	7,380	5,770	4,150	132,300
476,000	479,000	25,970	19,640	16,410	13,180	9,940	7,500	5,890	4,270	134,000
479,000	482,000	26,460	20,000	16,650	13,430	10,190	7,630	6,010	4,390	135,600
482,000	485,000	26,950	20,490	16,900	13,670	10,430	7,750	6,140	4,510	137,200
485,000	488,000	27,440	20,980	17,140	13,920	10,680	7,870	6,260	4,640	138,800
488,000	491,000	27,930	21,470	17,390	14,160	10,920	7,990	6,380	4,760	140,400
491,000	494,000	28,420	21,960	17,630	14,410	11,170	8,120	6,500	4,880	142,000
494,000	497,000	28,910	22,450	17,880	14,650	11,410	8,240	6,630	5,000	143,700
497,000	500,000	29,400	22,940	18,120	14,900	11,660	8,420	6,750	5,130	145,200
500,000	503,000	29,890	23,430	18,370	15,140	11,900	8,670	6,870	5,250	146,800
503,000	506,000	30,380	23,920	18,610	15,390	12,150	8,910	6,990	5,370	148,500
506,000	509,000	30,880	24,410	18,860	15,630	12,390	9,160	7,120	5,490	150,100
509,000	512,000	31,370	24,900	19,100	15,880	12,640	9,400	7,240	5,620	151,600
512,000	515,000	31,860	25,390	19,350	16,120	12,890	9,650	7,360	5,740	153,300
515,000	518,000	32,350	25,880	19,590	16,370	13,130	9,890	7,480	5,860	154,900
518,000	521,000	32,840	26,370	19,900	16,610	13,380	10,140	7,610	5,980	156,500
521,000	524,000	33,330	26,860	20,390	16,860	13,620	10,380	7,730	6,110	158,100
524,000	527,000	33,820	27,350	20,880	17,100	13,870	10,630	7,850	6,230	159,600
527,000	530,000	34,310	27,840	21,370	17,350	14,110	10,870	7,970	6,350	161,000
530,000	533,000	34,800	28,330	21,860	17,590	14,360	11,120	8,100	6,470	162,500
533,000	536,000	35,290	28,820	22,350	17,840	14,600	11,360	8,220	6,600	164,000

【扶養控除等申告書】

令和４年分　給与所得者の扶養控除等（異動）申告書

所轄税務署長等	給与の支払者の名称（氏名）		（フリガナ） あなたの氏名		あなたの生年月日　年　月　日
税務署長	給与の支払者の法人（個人）番号	※この申告書の提出を受けた給与の支払者が記載してください。	あなたの個人番号		世帯主の氏名
					あなたとの続柄
市区町村長	給与の支払者の所在地（住所）		あなたの住所又は居所	（郵便番号　－　）	配偶者の有無

従たる給与についての扶養控除等申告書の提出（提出している場合には、○印を付けてください。）

あなたに源泉控除対象配偶者、障害者に該当する同一生計配偶者及び扶養親族がなく、かつ、あなた自身が障害者、寡婦、ひとり親又は勤労学生のいずれにも該当しない場合には、以下の各欄に記入する必要はありません。

主たる給与から控除を受ける

区分等	（フリガナ） 氏名	個人番号 あなたとの続柄	生年月日	老人扶養親族（昭28.1.1以前生） 特定扶養親族（平12.1.2生～平16.1.1生）	令和4年中の所得の見積額 非居住者である親族	生計を一にする事実	住所又は居所	異動月日及び事由（令和4年中に異動があった場合に記載してください（以下同じです。）。）
A 源泉控除対象配偶者（注1）			・　・		円			
B 控除対象扶養親族（16歳以上）（平19.1.1以前生） 1			・　・	□同居老親等 □その他 □特定扶養親族	円			
2			・　・	□同居老親等 □その他 □特定扶養親族	円			
3			・　・	□同居老親等 □その他 □特定扶養親族	円			
4			・　・	□同居老親等 □その他 □特定扶養親族	円			

C 障害者、寡婦、ひとり親又は勤労学生

□障害者

区分＼該当者	本人	同一生計配偶者（注2）	扶養親族
一般の障害者			（　人）
特別障害者			（　人）
同居特別障害者			（　人）

□寡婦　□ひとり親　□勤労学生

上の該当する項目及び欄にチェックを付け、（　）内には該当する扶養親族の人数を記入してください。

障害者又は勤労学生の内容（この欄の記載に当たっては、裏面の「2　記載についてのご注意」の(8)をお読みください。）	異動月日及び事由

（注）1　源泉控除対象配偶者とは、所得者（令和4年中の所得の見積額が900万円以下の人に限ります。）と生計を一にする配偶者（青色事業専従者として給与の支払を受ける人及び白色事業専従者を除きます。）で、令和4年中の所得の見積額が95万円以下の人をいいます。
2　同一生計配偶者とは、所得者と生計を一にする配偶者（青色事業専従者として給与の支払を受ける人及び白色事業専従者を除きます。）で、令和4年中の所得の見積額が48万円以下の人をいいます。

D 他の所得者が控除を受ける扶養親族等	氏名	あなたとの続柄	生年月日	住所又は居所	控除を受ける他の所得者 氏名	あなたとの続柄	住所又は居所	異動月日及び事由
			・　・					
			・　・					

○住民税に関する事項（この欄は、地方税法第45条の3の2及び第317条の3の2に基づき、給与の支払者を経由して市区町村長に提出する給与所得者の扶養親族申告書の記載欄を兼ねています。）

16歳未満の扶養親族（平19.1.2以後生）	（フリガナ） 氏名	個人番号	あなたとの続柄	生年月日	住所又は居所	控除対象外国外扶養親族	令和4年中の所得の見積額	異動月日及び事由
1				・　・			円	
2				・　・			円	
3				・　・			円	

扶

記載のしかたはこちら

◎この申告書は、あなたの給与について扶養控除、障害者控除などの控除を受けるために提出するものです。
◎この申告書は、源泉控除対象配偶者、障害者に該当する同一生計配偶者及び扶養親族に該当する人がいない人も提出する必要があります。
◎この申告書は、2か所以上から給与の支払を受けている場合には、そのうちの1か所にしか提出することができません。
◎**この申告書の記載に当たっては、裏面の「1　申告についてのご注意」等をお読みください。**

3　副業・兼業の確定申告

給与所得者は、年末調整により１年間の所得税の納税が完了するため、通常、確定申告をする必要はありませんが、正社員で働いている会社員が副業・兼業としてアルバイトやその他の副収入を得た場合は、原則として、確定申告をしなければなりません。

副業・兼業の収入は、別の会社でアルバイトをして給与を得た場合の他、ネットオークションで雑貨等を売却した、友人に頼まれてホームページを作成した、シェアリングエコノミーサービス等、その収入の形態はさまざまです。

しかしながら、所得税法で規定されている10種類の所得区分の中に、副業・兼業についての明確な所得区分は存在しません。どの種類の所得区分に該当するかは、副業・兼業として行った具体的な業務の内容等から、一つひとつ判定していく必要があります。

ここでは、副業・兼業をした場合に考えられる所得税の論点をケース別に解説します。

(1)　本業以外のアルバイトで給与所得がある場合の副業・兼業

正社員で働いている会社員が、副業・兼業として２か所以上の会社からアルバイト等の給与収入を得た場合は、複数の会社から受け取ったすべての給与を合算して所得税を計算し直さなければなりません。年末調整は、扶養控除等申告書を提出した本業の会社でしか行うことができず、副業の収入を含めない金額で所得税が計算されているためです。

仮に、本業で得た給与収入が700万円、副業・兼業で得た給与収入が100万円であれば、この２か所の給与を合算した800万円を給与収入として、先に解説した給与所得控除額を計算し、合計所得を計算します。

ただし、本業の会社以外の副業の給与（主たる給与以外の従たる給与）の「収入」金額が20万円を超えない場合は、確定申告をする必要はありません。とはいえ、副業・兼業先では、通常、扶養控除等申告書を提出しませんので、副業・兼業先から受け取る給与に対する源泉徴収税額は過大に徴収されています。したがって、副業・兼業先の収入金額が20万円を超えない場合でも、確定申告をすることによって、所得税の還付を受けられる可能性があります。

⑵ 本業以外に副収入がある場合の副業・兼業（雑所得）

雑所得とは、給与所得や事業所得、不動産所得等、他の９種類の所得に当てはまらないものをいい、以下のような所得が該当します。

① 非営業用の利息の受け取り
② 著述家や作家以外の人が受け取る原稿料、印税
③ 講演料
④ 衣服・雑貨・家電などの資産の売却による所得
⑤ 自家用車などの貸付けによる所得
⑥ ホームページの作成やベビーシッターなどの役務の提供による所得
⑦ 暗号通貨の売却等による所得

給与所得者が副業・兼業を行う場合の所得区分は、ほとんどがこのような雑所得に区分されると考えられます。これらの雑所得がある場合には、以下の算式によって所得を計算します。

総収入金額 － **必要経費**

必要経費の判定は以下のような考え方となります。

① 総収入金額に対応する売上原価

② 総収入金額を得るために直接要した費用の額

③ 販売費、一般管理費等、業務上要した費用の額

副業・兼業による雑所得を計算し、給与所得と合算して合計所得を計算します。ただし、収入から経費を差し引いた「所得」金額が20万円を超えない場合は、確定申告をする必要はありません。

⑶ 事業所得として認められる副業・兼業の所得

事業所得の計算式は、「総収入金額－必要経費」として計算します。計算式は、雑所得と同様であり、必要経費の考え方も同様です。しかし、所得税の計算上、事業所得には、以下のような、雑所得にはない税制面での非常に大きなメリットが存在します。

① 青色申告をすることができる

「青色申告承認申請書」を税務署長に提出し、承認を受け、事業所得に係る取引を、正規の簿記の原則（一般的には複式簿記）により記帳し、その記帳に基づいて作成した貸借対照表および損益計算書を確定申告書に添付し、法定申告期限内に提出している場合には、原則として、最高55万円を所得から控除できます（令和２年分以後の青色申告特別控除について、この55万円の青色申告特別控除を受けることができる人が、電子帳簿保存またはe-Taxによる電子申告を行っている場合は、65万円の青色申告特別控除が受けられます）。なお、ここでは割愛しますが、青色申告をした場合は、青色申告特別控除の他、減価償却資産の特別償却や耐用年数の短縮、少額減価償却資産（30万円未満の資産）の必要経費算入、貸倒引当金の必要経費算入等、約50項目の特典があります。

② 青色事業専従者給与の必要経費算入

生計を一にする親族（15歳未満の人を除く）に対する給与が必要経費として認められます。ただし、「青色事業専従者給与に関す

る届出書」を税務署長に提出し、かつ、専ら青色申告者の事業に従事する者に対する給与であり、労務の対価として適正な金額であることが必要です。

③　損益通算が認められる

所得税は、10種類に区分された所得をすべて合算して計算されますが、事業所得の場合、副業・兼業で損失（赤字）が出た場合に、給与所得等からその損失を差し引いて計算することができます。

例えば、給与所得が500万円、事業所得が△100万円だった場合、損益通算後の合計所得は400万円となりますが、雑所得の場合の損失は損益通算できず、そのまま切り捨てられてしまいます。

④　純損失の繰越しと繰戻し

事業所得に損失（赤字）の金額が出た場合で、上記の損益通算の規定を適用しても、なお控除しきれない金額が生じた場合、その損失額を翌年以後3年間にわたって繰り越して、各年分の所得金額から控除できます。また、純損失の繰越しに代えて、その損失額を生じた年の前年に繰り戻して、前年分の所得税の還付を受けることもできます（青色申告要件）。

以上のように、事業所得は雑所得と比較して、税務上、有利になる点が非常に大きいことは確かです。しかしながら、事業所得として申告すれば自動的に事業所得になるかというと、そういうことではありません。

ここでいう事業とは、対価を得て行われる資産の譲渡等を繰り返し、継続、かつ、独立して行われる事業のことで、継続的に一定の期間にわたって、相当な時間を費やし、それなりの収入を得て、一定のリスクを負って営まれているといったことを総合的に勘案して判断する必要があります。休日を利用して、趣味の延長で、片手間で、また、小遣い稼ぎ程度の収入しか得ていない場合には、事業所得としては認められませんので、注意が必要です。

(4)　不動産所得と副業・兼業

土地・建物や、船舶、航空機などの不動産の貸付けなどにより得られる所得を不動産所得といいます。会社員として働きながら、マンションや駐車場のオーナーとして賃貸収入を得ている場合はこれにあたります。

不動産所得の金額も、事業所得と同様に、「総収入金額－必要経費」として計算され、損失が発生した場合の他の所得との損益通算も認められます。必要経費の考え方も事業所得の必要経費とおおむね同じですが、不動産所得特有の必要経費として、不動産所得に損失が生じた場合は、土地の取得にかかる借入金利子に相当する部分の金額は、損益通算を認めない（建物部分の借入金利子は認められる）という特例が設けられています。

また、青色事業専従者給与の取扱いは、事業的規模として行われている場合に限り必要経費として認められます。

ここでいう事業的規模とは、以下のような規模をいいます。

①　戸建てやアパート物件の独立家屋の所有数が５棟以上

②　区分マンションなど独立的に区画された物件数が10室以上

③　駐車台数が50台以上の月極駐車場

不動産所得も青色申告が認められますが、不動産の貸付事業が上記のような事業的規模で行われていない場合には、青色申告特別控除額は最高10万円となります。

(5)　上場株式等の譲渡にかかる譲渡所得と副業・兼業

そもそも株は資産運用と捉えられるので副業にはあたらないとも考えられますが、会社員としての給与の他に、株式などの投資によって収入を増やしたいと考える人もいるでしょう。

上場株式等の譲渡所得に対する課税は、申告分離課税とされており、他の所得とは合算せず、区別して課税されるのが特徴です。

譲渡所得は、その年中の株式等の譲渡による収入金額から株式等の取得費と譲渡費用を差し引いて計算され、所得税率は一律15%（ほかに住民税5%）となります。端的にいえば、株の値上がり益に課税されますが、所得計算の結果、損失が生じた場合は、上場株式等の利子・配当所得とのみ損益通算することができます。

証券会社の特定口座において、源泉徴収制度の適用を受けることを選択した場合には、金融商品取引業者等がそれぞれの株式取引の損益を計算し、一定の税率による源泉徴収を行い、その税額を納付または還付することになっていますので、特定口座を選択した場合には、確定申告は不要となります。

上場株式等の譲渡により損失の金額が発生した場合は、その損失が生じた年の翌年以降3年内の各年に繰り越して、各年分の株式等の譲渡所得等の金額を限度として繰越控除が認められます。特定口座を選択した場合は、確定申告は不要ですが、確定申告を行わないと、譲渡損失の繰越控除はできませんので、注意が必要です。

(6) 副業・兼業にかかる消費税

所得税とは直接関係ありませんが、副業・兼業にかかる可能性のある税金として盲点になるのが消費税です。

消費税は原則として、基準期間の課税売上高が1,000万円を超える事業者に、確定申告と納税の義務が発生します。ここでいう基準期間とは「その年の前々年」（2年前）を指します。つまり、令和3年分にあっては、令和元年分の課税売上高が1,000万円を超えている場合、令和3年分の消費税の申告と納税をしなければなりません。

ただし、売上高が1,000万円を超えたら必ず納税義務が生じるというわけではありません。ここでいう1,000万円とは、「課税売上高」をいい、土地の譲渡および貸付、有価証券等の譲渡、住宅の貸付等は、非課税取引となりますので、除外されます。一方、事業用建物の売却、原稿料、印税、講演料、出演料、講師謝金、インターネットによるサイドビジネス収入などは、課税売上高に該当しますので、副業・兼業を行う場合には、この点も考慮しておく必要があります。

(7)　還付申告となるケース

源泉徴収された税金が、その年の合計所得金額について計算した税額より多くなる場合は、確定申告の義務がない人であっても、確定申告をすることによって、源泉徴収により納め過ぎた税金が税務署より払戻しされます。次のような場合、源泉徴収された所得税が還付される可能性があります。

①　医療費を多額に支払った場合
②　ふるさと納税等の寄付をした場合
③　災害や盗難にあった場合
④　住宅ローンを組んで一定の住宅を取得した人

給与所得以外の所得金額が20万円を超えない人や主たる給与以外の従たる給与の収入金額が20万円を超えない人は、確定申告をする必要がないと説明しましたが、上記のような所得税の還付のために確定申告をする場合は、この副業収入等も含めて計算しなければなりません。

年末調整手続きは会社員にとって手続きの煩わしさが生じない一方、納税意識が希薄になるといわれます。これまで、確定申告とは無縁だった会社員の人が意外にも多いのも事実です。しかし、納税者が自発的に、かつ適正に納税義務を履行していくことは、申告納税制度を採用するわが国においては、ごく自然なことです。

多くの企業が多様な働き方を認めるようになっています。副業・兼業を行う会社員の人もご自身のスキルを活かし、より良いサービスや商品を社会に提供しやすい環境が整っています。税金はやや難解な側面がありますが、税金に関しても正しい知識と高い見識を持ち、前向きな姿勢で取り組むことが重要です。

第３章

選択肢が広がる
副業・兼業

第３章　選択肢が広がる副業・兼業

ここまで、雇用される副業・兼業に限って詳細を確認してきましたが、同じ雇用であっても、大学と企業の橋渡しとして準備されているクロスアポイントメント制度と、雇用ではない選択肢としてフリーランスとして働くかたちについても考えてみたいと思います。

1　クロスアポイントメント制度の活用

⑴　クロスアポイントメント制度とは何か

研究者等が大学、公的研究機関、企業の中で、２つ以上の機関に雇用されつつ、それぞれの機関における役割に応じて研究・開発および教育に従事することを可能にする「クロスアポイントメント制度」があります。公務員は兼業・副業が認められていませんので、あくまでも公務員ではない大学の職員、研究者などを対象としている制度です。

以前から新たなイノベーション創出のためには民間企業への橋渡しが重要だと考えられていて、文部科学省と経済産業省がクロスアポイントメント制度の基本的枠組について検討し、「クロスアポイントメント制度の基本的枠組と留意点」（平成 26 年 12 月 26 日）を取りまとめて、積極的な導入・活用が推奨されることとなりました。しかし、以前から在籍型出向の制度として存在はしていたものの、手続きが煩雑であることや労務管理などに不明点があったことなどから、「大学―大学」間・「大学―国立研究開発法人」間でのクロスアポイントの活用は進んでいても、「大学等―企業」間でのクロスアポイントメントを実施している事例はまだ少ないようです。今後導入が進み、研究者が組織の壁を越えて活躍することが増えることが期待されています。

■図表 3-1　クロスアポイントメント制度

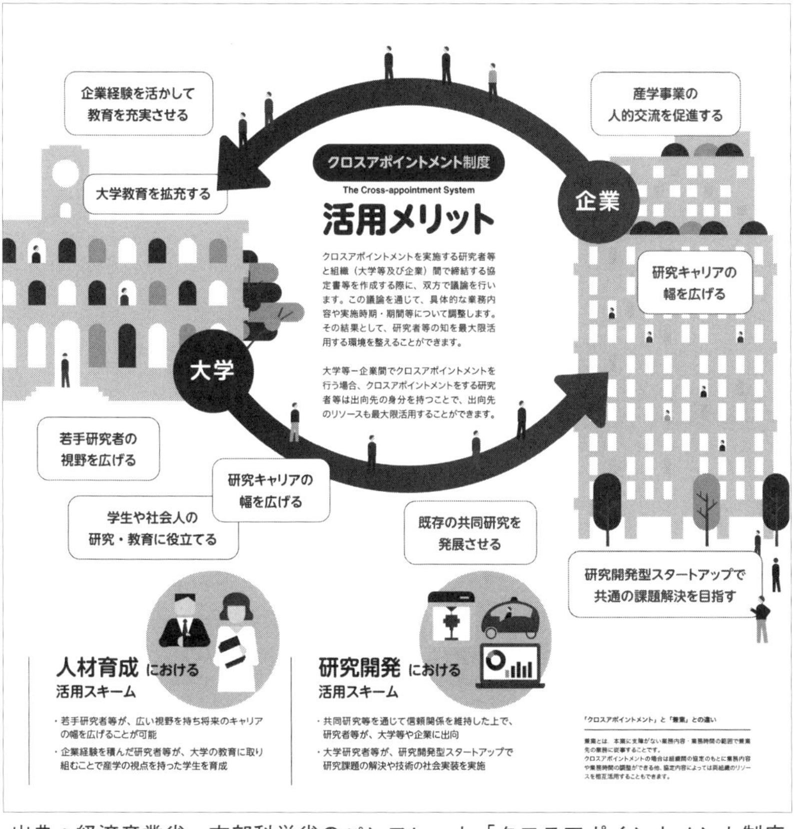

出典：経済産業省・文部科学省のパンフレット「クロスアポイントメント制度のススメ」

クロスアポイントメント制度と、通常考えられる兼業という位置づけとは、何が異なるのでしょうか。

通常の兼業であれば、大学研究者の場合は「職員が報酬を得て、団体の役員、顧問もしくは評議員の職を兼ね、その他事業に従事し、もしくは事務を行うこと」と定義されているほか、企業の研究者等の場合の兼業についても、主に異なる環境でのスキルや経験を得ることで主体的にキャリアを形成することを期待したものと考えられます。

つまり、通常の兼業という形式ではクロスアポイントメント制度で実現できる双方の業務内容、知的財産や設備等を相互利用することなどは想定されていません。クロスアポイントメント制度の活用によるリソースの相互活用は、すぐには難しい点があるかもしれませんが、共同研究を発展させることや人材育成においての活用はすぐにでも考えられる範囲ではないでしょうか。協定の締結により著作権の問題なども含めて事前確認が可能という利点があることも有効です。

大学等と企業の担当者は、クロスアポイントメントの目的、企業でのテーマ・従事内容に応じた期間や従事比率、大学研究者等の双方での身分、クロスアポイントメントの実施期間等の基本的事項から知的財産や研究成果の取扱いまで調整することになりますが、これらを協定書として締結することにより、その後の手続きを円滑にすすめることができます。

協定書では、知的財産・研究成果の取扱いのほかに、労働条件についても調整することになります。ここで考えられる労働条件とは、給与・賞与・退職金の設定とそれらの負担額です。そのほかにも労働時間管理・時間外労働・休日・休暇・退職・懲戒・安全衛生など就業規則で規定されている内容はすべて考えておかなければなりません。そのほかに医療保険、年金、雇用保険、労災などの社会保険・労働保険に関する取り決めも必要です。

⑵　クロスアポイントメント制度を利用した事業に係る労災保険の適用

一般に、クロスアポイントメント制度の利用が想定される研究者等は、本制度により在籍予定の機関のいずれかを出向元とし、本制度の実施後に再び出向元の機関に復帰することが多く、いわゆる「在籍型出向」の形態によりクロスアポイントメントを実施することとなると思われます。

「在籍型出向」とは、出向元企業と出向先企業との間の出向契約によって、労働者が出向元企業と出向先企業の両方と雇用契約を結び、一定期間継続して勤務することをいいます。

■図表 3-2　在籍型出向

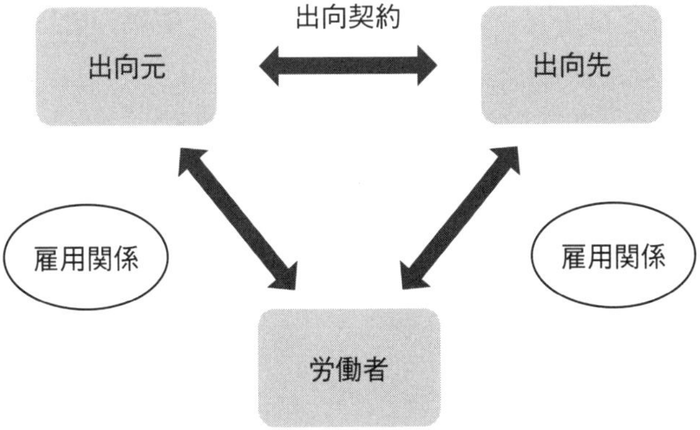

出典：厚生労働省「在籍型出向“基本がわかる”ハンドブック」

クロスアポイントメント制度を利用する際に、在籍型出向の形式が採用されることが多いと考えられることもあり、令和3年6月4日付で、クロスアポイントメント制度を利用している場合の労災適用についての行政通達（「クロスアポイントメント制度を活用した事業に係る労働者災害補償保険の適用等について」令和3年6月4日基管発0604第1号・基徴収発0604第1号）が発出されました。

この通達では、クロスアポイントメント制度を利用した事業に係る労災保険の適用は、出向者の場合の原則的な取扱いで判断すると示されています。

出向者の労災保険は、出向先との間において適用されることになっています。そもそも出向は、出向の目的と出向先企業と出向元企業との出向契約に基づき、労働の実態をふまえて、労働関係の所在が判断されます。出向者は、出向先企業の組織内に組み込まれて、その事業場の他の労働者と同じように出向先の指揮監督の下で労務提供をしていますので、労災保険関係は出向先にあると判断されています（「出向労働者に対する労働者災害補償保険法の適用について」昭和35年11月2日基発第932号)。

⑶　クロスアポイントメント制度を利用した場合の労災保険料の納付

一般的な在籍出向の場合は、賃金支払は出向元企業で、出向者の労働保険料の納付は、直接賃金を支払ってはいない出向先で申告・納付しています。しかし、クロスアポイントメント制度を利用している場合で、出向元事業または出向先事業のいずれかが一括して給与を支払う場合は、給与を一括して支払う事業が労災保険料を一括して納付することとして差し支えないと示されています。

⑷　クロスアポイントメント制度を利用した労災保険給付

実際にクロスアポイントメント制度を利用している労働者に対する労災保険給付については、出向先、出向元のどちらで保険料を納付しているかは関係なく、在籍型出向によって出向先とも雇用契約を締結している労働者として、複数事業労働者に該当することとなります(複数事業労働者については労災の章を確認してください)。したがって、各種給付は、それぞれの給付基礎日額に相当する額を合算した額を基礎にして保険給付が行われます。また特別支給金についても同様の取扱いとなります。

(5) クロスアポイントメント制度を利用した場合の労災保険給付のメリット制の取扱い

クロスアポイントメント制度を利用した労働者の業務災害に関する保険給付のメリット制の取扱いは、災害が発生した事業のメリット収支率の算定基礎に含めることになります。メリット収支率に算入する保険給付の額については、労災発生事業における賃金額をもとに算定した額に相当する額を算入することになります。

災害発生事業における賃金額が明らかでない場合は、「災害発生事業における賃金額をもとに算定した額に相当する額」は出向元事業および出向先事業の賃金を合計した額に当該事業にかかるエフォート率を乗じた額となります。特別支給金についても同様の取扱いとなります。

2　フリーランスで行う副業・兼業の課題

「雇用」による働き方だけではなく、フリーランスとして働くという選択肢もあります。成長戦略実行計画（令和2年7月17日）において、フリーランスとして安心して働ける環境を整備するため、事業者とフリーランスとの取引に関して法令に基づく問題行為を明確化するために、ガイドラインを策定することが決まりました。これを受けて、令和3年3月26日には、内閣官房、公正取引委員会、中小企業庁、厚生労働省の連名で「フリーランスとして安心して働ける環境を整備するためのガイドライン」を策定しています。

雇用であれば、労働法令に基づく問題がメインとなりますが、フリーランスは自身で事業運営をする立場となるため、一人法人や個人事業主であったとしても、独占禁止法や下請法なども適用されることがあり得ます。

ガイドラインでは、独禁法・下請法に関連する事項として、**図表3-3**の内容が示されています。

フリーランスは労働法令における労働者ではありませんが、形式的には雇用関係がない場合でも労働者性が認められて労働関係法令の適用を受けることがあります。

■図表 3-3　独禁法・下請法に関連する事項

<table>
<tr>
<td rowspan="5">独禁法・下請法</td>
<td rowspan="3">第３
フリーランスと取引を行う事業者が遵守すべき事項</td>
<td><u>1　フリーランスとの取引に係る優越的地位の濫用規制についての基本的な考え方</u>
○　自己の取引上の地位がフリーランスに優越している発注事業者が、フリーランスに対し、その地位を利用して、正常な商慣習に照らして不当に不利益を与えることは、優越的地位の濫用として、独占禁止法により規制される。</td>
</tr>
<tr>
<td><u>2　発注時の取引条件を明確にする書面の交付に係る基本的な考え方</u>
○　優越的地位の濫用となる行為を誘発する原因とも考えられ、発注事業者が発注時の取引条件を明確にする書面をフリーランスに交付しない場合は、独占禁止法上不適切。
○　下請法の規制の対象となる場合で、発注事業者が書面をフリーランスに交付しない場合は、下請法第３条で定める書面の交付義務違反となる。</td>
</tr>
<tr>
<td><u>3　独占禁止法（優越的地位の濫用）・下請法上問題となる行為類型</u>
○　優越的地位の濫用につながり得る行為について、行為類型ごとに下請法の規制の対象となり得るものも含め、その考え方を明確化。

(1)　報酬の支払遅延　(2)　報酬の減額
(3)　著しく低い報酬の一方的な決定
(4)　やり直しの要請　(5)　一方的な発注取消し
(6)　役務の成果物に係る権利の一方的な取扱い
(7)　役務の成果物の受領拒否　(8)　役務の成果物の返品
(9)　不要な商品又は役務の購入・利用強制
(10)　不当な経済上の利益の提供要請
(11)　合理的に必要な範囲を超えた秘密保持義務等の一方的な設定
(12)　その他取引条件の一方的な設定・変更・実施</td>
</tr>
<tr>
<td rowspan="2">第４
仲介事業者が遵守すべき事項</td>
<td><u>1　仲介事業者とフリーランスとの取引について</u>
○　仲介事業者は、フリーランスが役務等を提供する機会を獲得・拡大することや、発注事業者や消費者が、フリーランスから良質廉価な役務等を受けることに貢献。
○　一方で、今後フリーランスと仲介事業者との取引の増加により、仲介事業者が取引上優越した地位に立ち、フリーランスに対し、その地位を利用して、正常な商慣習に照らして不当に不利益を与える場合も考えられる。</td>
</tr>
<tr>
<td><u>2　規約の変更による取引条件の一方的な変更</u>
○　規約の変更を一方的に行うことにより、自己の取引上の地位がフリーランスに優越している仲介事業者が、フリーランスに対して、正常な商慣習に照らして不当に不利益を与えることとなるときは、優越的地位の濫用として問題となる。</td>
</tr>
</table>

出典：「フリーランスとして安心して働ける環境を整備するためのガイドライン　概要」

労働基準法における「労働者」に当たるかどうかの判断は、次のような項目を確認して総合的に判断されます。

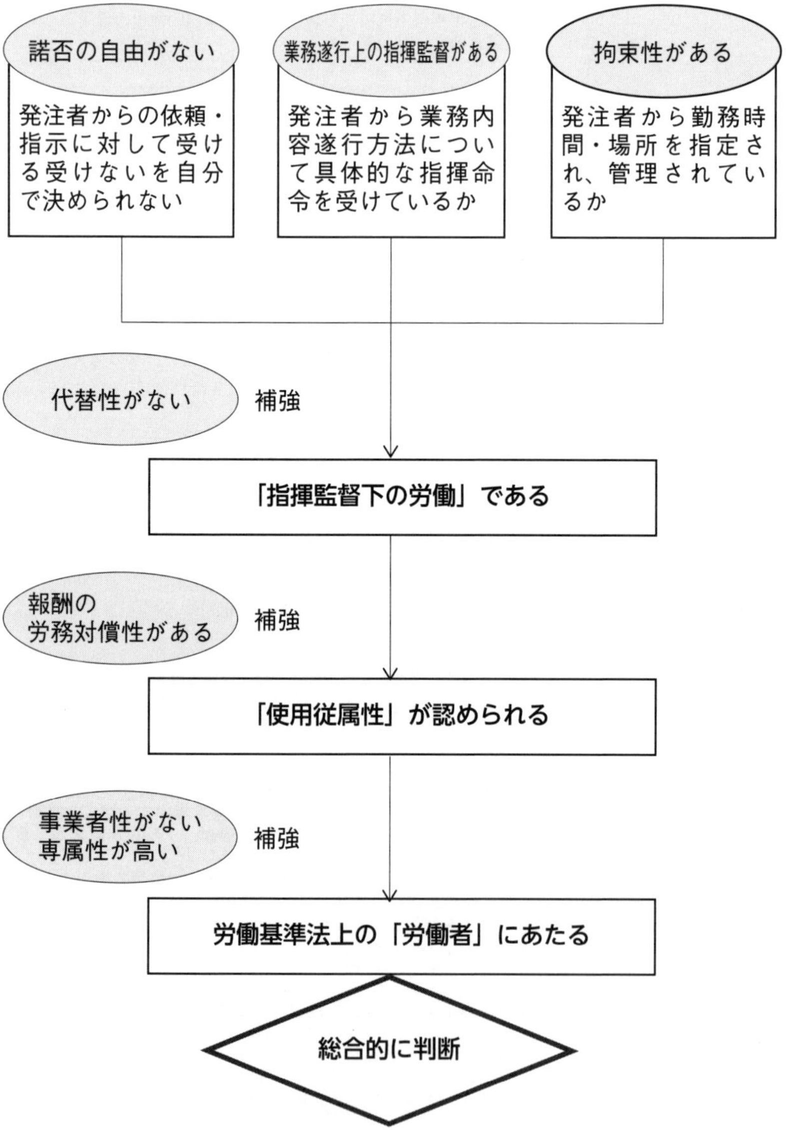

具体的には、以下のような実態がある人は労働基準法上の労働者に当たる場合がありますので、業務委託、フリーランスの契約として行っている場合も、個別に再確認しておきましょう。

［例］
・報酬が時間単価で決まっている
・始業・終業時刻が決まっていて、出勤することが前提になっていて、遅れると報酬を減額する決まりになっている
・発注した仕事以外の契約にない業務や予定されていない業務も指示していて断れない状況になっている
・業務の遂行方法や時刻などの指定がされている

フリーランスとして働いている人の状況がその実態により労働基準法上の「労働者」として認められた場合は、労働関係法令が適用されることになります。

フリーランスでは適用されていなかった労働関係法令が適用されることにより、例えば労働基準法における労働時間、賃金、休日なども適用されることになりますので、結果的に未払賃金が発生している可能性も出てきます。このような流れになることを認識し、実態を把握して確実な対応をしておくと安心です。

副業・兼業としてフリーランスで働いている場合では、実際に副業・兼業をしている時間が労働基準法上の労働時間にならないことから、会社は労働時間として管理する必要がありません。しかし、実態は長時間労働となり過重労働となっているようなケースがあれば、本業にも支障が出てしまいますので、注意喚起などにより健康管理に関するケアをしておくことも考えられます。

第4章

副業・兼業に関する FAQ

Q１ 会社は、労働者の副業・兼業について全く関知しない、すべて労働者の自由とする、というスタンスにすることは可能でしょうか。またその場合、何がリスクになりますか？

A１

会社が全く関知していないので、会社には何も責任がないとは言い切れない部分はあります。会社が関知していないこと、許可していないことが理由で、責任がなくなるわけではありません。会社も労働者も信義誠実の原則[*1]に基づき、対応することが求められます。

したがって、労働者からの申告があった場合は、その事実に対しては対応しないわけにはいきません。

またその他のリスクとしては、企業内の情報漏えいに関するリスクがあります。

ガイドラインでも、各社で適切な措置を講ずるためには、使用者・労働者で話し合うことを想定していると示されていることから、一方的に会社が管理しないから関係ないと考えて放置することがないようにする必要があります。

＊１　信義誠実の原則：人の社会共同生活は、相互の信頼と誠実な行動によって円滑に営まれるべきであるという考えに基づき、権利義務という法律関係の履行についても同様の行動を取ることを求める法理。
法と道徳の調和を図るための重要な観念となっており、民法１条２項は、「権利の行使及び義務の履行は、信義に従い誠実に行わなければならない」と規定する。（『有斐閣法律用語辞典』より）

［参考］労働契約法３条４項（労働契約の原則）

労働者及び使用者は、労働契約を遵守するとともに、信義に従い誠実に、権利を行使し、及び義務を履行しなければならない。

Q２ 雇用形態などの働き方の属性により、副業・兼業を禁止または制限することは可能でしょうか。

A２

ガイドラインでは、副業・兼業を禁止または制限できることの要件として次の４つがあげられています。

① 労務提供上の支障がある場合
② 業務上の秘密が漏洩する場合
③ 競業により自社の利益が害される場合
④ 自社の名誉や信用を損なう行為や信頼関係を破壊する行為がある場合

いずれにしても、禁止または制限の妥当性については、個々のケースに応じて慎重に判断されるもの、と示されていますので、社内で上記４つの事項に該当する雇用形態や働き方の人は対象外とすることは、問題がないと考えます。

ただし、労働者は、その会社の労働時間以外の時間は労働者の自由であることが原則であり、理由もなく禁止はできませんので、要件をしっかり確認しておきましょう。

雇用形態に応じて、副業・兼業が認められるかどうかという基準が異なることが、待遇差となり得るかどうかについては、**第２章** ４ **3**を参照してください。

Q３　労働者の副業・兼業を認めるにあたり、管理モデルを活用することを要件とすることは可能でしょうか。

A３

ガイドラインでは、副業・兼業を認めるにあたって、管理モデルによる副業・兼業を原則とすることは差し支えないと示されています。

会社が多くの従業員の副業・兼業を管理することを想定すると、特に労働時間の管理については、一定の基準がなければ大変煩雑になります。したがって、管理モデルの運用方法を整備して、一定の管理方法に統一することは一案でしょう。

管理モデルにより必要以上の制限を行うことは望ましくありませんので、労働者とのコミュニケーションを十分にとったうえでの導入をすすめるようにしましょう。

Q 4 いままで、副業・兼業について何も管理していませんでしたが、最近、副業・兼業の労働時間が一定以上ある労働者がいることがわかりましたので、労働時間の申告をしてもらうようになりました。ただ管理モデルを導入していないため、管理が煩雑で困っています。そもそも管理モデルの導入は、副業・兼業の開始時のみに可能なのでしょうか。途中からでも導入することが可能なのでしょうか。

A 4

対象となる労働者と副業・兼業先の会社に、管理モデルの導入を求めてそれに応じてもらえれば、途中からでも管理モデルの導入は可能です。

今までの労働時間の実績をふまえて管理モデルの上限時間を決めることで、より現実的な運用が可能となります。いずれにしても対象となる労働者と副業・兼業先の会社に管理モデルの導入について認めてもらうことが必要ですので、事前準備のうえ実施してください。

社内で副業・兼業の承認申請の運用の中で、その承認期間をあらかじめ定めておくことをおすすめします。期間が定まっていることで、改めて運用方法を見直す時期ができますので、その見直しのタイミングから管理モデルを導入するという方法も考えられます。

Q５　以前から他社でアルバイトをしていた人が、そのアルバイトを辞めずに正社員として入社することになりました。つまり副業・兼業の会社の方が先に労働契約の締結をしている状態です。この場合、正社員として雇用する会社の労働時間を後から加算していく通算方法となるため、割増賃金の支払いが必要な範囲が広がってしまいます。
どのような対処方法があるのでしょうか。例外的に、本業の会社との労働契約を「先に契約した会社」と同じ扱いにすることはできないのでしょうか。

A５

労働時間を通算する順序は、先に労働契約の締結をした事業場からというルールになっていますが、本業の会社と副業・兼業先の会社と、労働者本人とで合意ができるのであれば、通算する順序を確認する合意書を作成して締結することで、通算する順序の変更・決定をすることができると考えられます。

３者間での合意書の締結ができない場合は、原則どおりの通算方法となりますので、上記のようなケースでは、本業の会社での入社手続きをする前に、労働者と事情を共有し、副業・兼業先の会社と合意を得られるかどうかを確認しておくことがよいでしょう。

Q６ 複数の会社と労働契約をしていても、それぞれの所定労働時間が短いため、通算しても法定労働時間を超えることがない場合でも、管理モデルを導入して管理することは可能ですか。

A６

管理モデルは、それぞれの事業場の法定外労働時間を通算して単月100時間未満、複数月平均80時間以内となる範囲内で、それぞれの事業場における労働時間の上限を設定して管理することが前提で考えられています。

したがって、法定外労働時間が発生する可能性がない場合は、原則的な方法（前述の「原則モデル」）で労働時間管理をすることが想定されますが、だからといって管理モデルを利用することができないというわけではありません。

労働時間の通算順序は次のとおりです。

【原則モデル】（本業が先に労働契約を締結している場合）

① 本業の所定労働時間
② 副業・兼業の所定労働時間
③ 実際に労働した時間の順に、本業の所定外労働時間または副業・兼業の所定外労働時間

【管理モデル】（本業が先に労働契約を締結している場合）

① 本業の所定労働時間＋本業の所定外労働時間の上限（法定外労働時間を含む）
② 副業の労働時間（所定労働時間＋所定外労働時間）の上限

時間外労働がない前提であれば、原則モデルで運用することのほうが管理モデルを導入するための準備、調整をする必要がなく、簡易とも考えられます。

Q７ 業務の繁閑により、労働時間が月ごとに大きく変動する場合でも管理モデルは導入できますか。

A７

管理モデルで運用する場合に、それぞれの事業場の労働時間の上限は毎月同じ時間数でなければならないという決まりはありません。したがって、業務の繁閑に応じて、各月の労働時間の上限が異なることも可能です。

ただし、それぞれの上限は単月100時間未満、複数月平均80時間以内となる範囲内でなければなりません。

管理モデル使用に関する合意書に添付する形式で各月の上限時間を明確にするなどの方法により、確実に運用することができれば問題はありません。

Q８ 副業をしていることを労働者が本業勤務先に報告していなかった場合も、法定外労働時間となった場合は割増賃金を支給する必要があるのでしょうか。またその場合に 36 協定の問題はどのようになるのでしょうか。

A８

就業規則で副業を承認制にしている場合はもちろん、届出制にしている場合であっても、そのルールを守らず、副業・兼業を行い結果として時間外労働が発生したという事象であれば、信義則*2 違反と考えることができます。また、ガイドラインでは労働者の申告により労働時間を把握することでよいと示されていることからも、労働者からの申告がなければ支払い義務はないと考えられます。ただし、副業・兼業に関する社内制度や手続きの周知は徹底しておくことが必要です。

＊２　信義則：信義誠実の原則。

Q９　副業・兼業をしている労働者が、実際には労働していない日があった場合に申告してきませんでした。結果、実際には働いてはいない時間も通算して労働時間を算出して処理をして、割増賃金を支給してしまっていました。これは過払いになってしまっているという認識でよいでしょうか。それとも、決まっていた予定どおりに計算処理をしなければならないのでしょうか。

A９

副業・兼業の届出や許可申請など、会社で義務付けられていることは行っている労働者が、実際には副業・兼業先で働いてない日について、働いていないことの報告を怠った場合、実際には法定外労働になっていない時間については、割増賃金の支払いは不要となります。

あくまでも労働基準法を遵守するために必要な頻度で把握すればよいとはいっても、実際に労働していない時間があるのであれば、その旨の報告はタイムリーにすることが求められます。

巻末資料

副業・兼業の促進に関するガイドライン
平成30年1月策定（令和2年9月改定）

本ガイドラインは、副業・兼業を希望する者が年々増加傾向にある中、安心して副業・兼業に取り組むことができるよう、副業・兼業の場合における労働時間管理や健康管理等について示したものである。

1 副業・兼業の現状

(1) 副業・兼業を希望する者は年々増加傾向にある。副業・兼業を行う理由は、収入を増やしたい、1つの仕事だけでは生活できない、自分が活躍できる場を広げる、様々な分野の人とつながりができる、時間のゆとりがある、現在の仕事で必要な能力を活用・向上させる等さまざまであり、また、副業・兼業の形態も、正社員、パート・アルバイト、会社役員、起業による自営業主等さまざまである。

(2) 副業・兼業に関する裁判例では、労働者が労働時間以外の時間をどのように利用するかは、基本的には労働者の自由であり、各企業においてそれを制限することが許されるのは、例えば、

① 労務提供上の支障がある場合
② 業務上の秘密が漏洩する場合
③ 競業により自社の利益が害される場合
④ 自社の名誉や信用を損なう行為や信頼関係を破壊する行為がある場合

に該当する場合と解されている。

(3) 厚生労働省が平成30年1月に改定したモデル就業規則においても、「労働者は、勤務時間外において、他の会社等の業務に従事することができる。」とされている。

2　副業・兼業の促進の方向性

(1)　副業・兼業は、労働者と企業それぞれにメリットと留意すべき点がある。

【労働者】

メリット：

①　離職せずとも別の仕事に就くことが可能となり、スキルや経験を得ることで、労働者が主体的にキャリアを形成することができる。

②　本業の所得を活かして、自分がやりたいことに挑戦でき、自己実現を追求することができる。

③　所得が増加する。

④　本業を続けつつ、よりリスクの小さい形で将来の起業・転職に向けた準備・試行ができる。

留意点：

①　就業時間が長くなる可能性があるため、労働者自身による就業時間や健康の管理も一定程度必要である。

②　職務専念義務、秘密保持義務、競業避止義務を意識することが必要である。

③　1週間の所定労働時間が短い業務を複数行う場合には、雇用保険等の適用がない場合があることに留意が必要である。

【企業】

メリット：

①　労働者が社内では得られない知識・スキルを獲得することができる。

②　労働者の自律性・自主性を促すことができる。

③　優秀な人材の獲得・流出の防止ができ、競争力が向上する。

④　労働者が社外から新たな知識・情報や人脈を入れることで、事業機会の拡大につながる。

留意点：

①　必要な就業時間の把握・管理や健康管理への対応、職務専念義務、秘密保持義務、競業避止義務をどう確保するかという懸念への対応が必要である。

(2)　人生100年時代を迎え、若いうちから、自らの希望する働き方を選べる環境を作っていくことが必要である。また、副業・兼業は、社会全体としてみれば、オープンイノベーションや起業の手段としても有効であり、都市部の人材を地方でも活かすという観点から地方創生にも資する面もあると考えられる。

(3) これらを踏まえると、労働者が副業・兼業を行う理由は、収入を増やしたい、1つの仕事だけでは生活できない、自分が活躍できる場を広げる等さまざまであり、業種や職種によって仕事の内容、収入等も様々な実情があるが、自身の能力を一企業にとらわれずに幅広く発揮したい、スキルアップを図りたいなどの希望を持つ労働者がいることから、こうした労働者については、長時間労働、企業への労務提供上の支障や業務上の秘密の漏洩等を招かないよう留意しつつ、雇用されない働き方も含め、その希望に応じて幅広く副業・兼業を行える環境を整備することが重要である。

また、いずれの形態の副業・兼業においても、労働者の心身の健康の確保、ゆとりある生活の実現の観点から法定労働時間が定められている趣旨にも鑑み、長時間労働にならないよう、以下の3～5に留意して行われることが必要である。

なお、労働基準法（以下「労基法」という。）の労働時間規制、労働安全衛生法の安全衛生規制等を潜脱するような形態や、合理的な理由なく労働条件等を労働者の不利益に変更するような形態で行われる副業・兼業は、認められず、違法な偽装請負の場合や、請負であるかのような契約としているが実態は雇用契約だと認められる場合等においては、就労の実態に応じて、労基法、労働安全衛生法等における使用者責任が問われる。

3　企業の対応

(1) 基本的な考え方

裁判例を踏まえれば、原則、副業・兼業を認める方向とすることが適当である。副業・兼業を禁止、一律許可制にしている企業は、副業・兼業が自社での業務に支障をもたらすものかどうかを今一度精査したうえで、そのような事情がなければ、労働時間以外の時間については、労働者の希望に応じて、原則、副業・兼業を認める方向で検討することが求められる。

実際に副業・兼業を進めるに当たっては、労働者と企業の双方が納得感を持って進めることができるよう、企業と労働者との間で十分にコミュニケーションをとることが重要である。なお、副業・兼業に係る相談、自己申告等を行ったことにより不利益な取扱いをすることはできない。

また、労働契約法第3条第4項において、「労働者及び使用者は、労働契約を遵守するとともに、信義に従い誠実に、権利を行使し、及び義務を履行しなければならない。」とされている（信義誠実の原則）。

信義誠実の原則に基づき、使用者及び労働者は、労働契約上の主たる義務（使用者の賃金支払義務、労働者の労務提供義務）のほかに、多様な付随義務を負っている。

副業・兼業の場合には、以下の点に留意する必要がある。

ア　安全配慮義務

労働契約法第5条において、「使用者は、労働契約に伴い、労働者がその生命、身体等の安全を確保しつつ労働することができるよう、必要な配慮をするものとする。」とされており（安全配慮義務）、副業・兼業の場合には、副業・兼業を行う労働者を使用する全ての使用者が安全配慮義務を負っている。

副業・兼業に関して問題となり得る場合としては、使用者が、労働者の全体としての業務量・時間が過重であることを把握しながら、何らの配慮をしないまま、労働者の健康に支障が生ずるに至った場合等が考えられる。

このため、

・就業規則、労働契約等（以下この(1)において「就業規則等」という。）において、長時間労働等によって労務提供上の支障がある場合には、副業・兼業を禁止又は制限することができることとしておくこと
・副業・兼業の届出等の際に、副業・兼業の内容について労働者の安全や健康に支障をもたらさないか確認するとともに、副業・兼業の状況の報告等について労働者と話し合っておくこと
・副業・兼業の開始後に、副業・兼業の状況について労働者からの報告等により把握し、労働者の健康状態に問題が認められた場合には適切な措置を講ずること

等が考えられる。

イ　秘密保持義務

労働者は、使用者の業務上の秘密を守る義務を負っている（秘密保持義務）。

副業・兼業に関して問題となり得る場合としては、自ら使用する労働者が業務上の秘密を他の使用者の下で漏洩する場合や、他の使用者の労働者（自らの労働者が副業・兼業として他の使用者の労働者である場合を含む。）が他の使用者の業務上の秘密を自らの下で漏洩する場合が考えられる。

このため、

・就業規則等において、業務上の秘密が漏洩する場合には、副業・兼業を禁止又は制限することができることとしておくこと

・副業・兼業を行う労働者に対して、業務上の秘密となる情報の範囲や、業務上の秘密を漏洩しないことについて注意喚起すること

等が考えられる。

ウ　競業避止義務

労働者は、一般に、在職中、使用者と競合する業務を行わない義務を負っていると解されている（競業避止義務）。

副業・兼業に関して問題となり得る場合としては、自ら使用する労働者が他の使用者の下でも労働することによって、自らに対して当該労働者が負う競業避止義務違反が生ずる場合や、他の使用者の労働者を自らの下でも労働させることによって、他の使用者に対して当該労働者が負う競業避止義務違反が生ずる場合が考えられる。

したがって、使用者は、競業避止の観点から、労働者の副業・兼業を禁止又は制限することができるが、競業避止義務は、使用者の正当な利益を不当に侵害してはならないことを内容とする義務であり、使用者は、労働者の自らの事業場における業務の内容や副業・兼業の内容等に鑑み、その正当な利益が侵害されない場合には、同一の業種・職種であっても、副業・兼業を認めるべき場合も考えられる。

このため、

・就業規則等において、競業により、自社の正当な利益を害する場合には、副業・兼業を禁止又は制限することができることとしておくこと

・副業・兼業を行う労働者に対して、禁止される競業行為の範囲や、自社

の正当な利益を害しないことについて注意喚起すること
・他社の労働者を自社でも使用する場合には、当該労働者が当該他社に対して負う競業避止義務に違反しないよう確認や注意喚起を行うこと
等が考えられる。

エ　誠実義務

誠実義務に基づき、労働者は秘密保持義務、競業避止義務を負うほか、使用者の名誉・信用を毀損しないなど誠実に行動することが要請される。

このため、
・就業規則等において、自社の名誉や信用を損なう行為や、信頼関係を破壊する行為がある場合には、副業・兼業を禁止又は制限することができることとしておくこと
・副業・兼業の届出等の際に、それらのおそれがないか確認すること
等が考えられる。

オ　副業・兼業の禁止又は制限

（ア）　副業・兼業に関する裁判例においては、
・労働者が労働時間以外の時間をどのように利用するかは、基本的には労働者の自由であること
・例外的に、労働者の副業・兼業を禁止又は制限することができるとされた場合としては
①　労務提供上の支障がある場合
②　業務上の秘密が漏洩する場合
③　競業により自社の利益が害される場合
④　自社の名誉や信用を損なう行為や信頼関係を破壊する行為がある場合
が認められている。

このため、就業規則において、
・原則として、労働者は副業・兼業を行うことができること
・例外的に、上記①～④のいずれかに該当する場合には、副業・兼業を禁止又は制限することができることとしておくこと
等が考えられる。

（イ）　なお、副業・兼業に関する裁判例においては、就業規則において労

働者が副業・兼業を行う際に許可等の手続を求め、これへの違反を懲戒事由としている場合において、形式的に就業規則の規定に抵触したとしても、職場秩序に影響せず、使用者に対する労務提供に支障を生ぜしめない程度・態様のものは、禁止違反に当たらないとし、懲戒処分を認めていない。

このため、労働者の副業・兼業が形式的に就業規則の規定に抵触する場合であっても、懲戒処分を行うか否かについては、職場秩序に影響が及んだか否か等の実質的な要素を考慮した上で、あくまでも慎重に判断することが考えられる。

⑵ 労働時間管理

労基法第38条第1項では「労働時間は、事業場を異にする場合においても、労働時間に関する規定の適用については通算する。」と規定されており、「事業場を異にする場合」とは事業主を異にする場合をも含む（労働基準局長通達（昭和23年5月14日付け基発第769号））とされている。

労働者が事業主を異にする複数の事業場で労働する場合における労基法第38条第1項の規定の解釈・運用については、次のとおりである。

ア 労働時間の通算が必要となる場合

（ア） 労働時間が通算される場合

労働者が、事業主を異にする複数の事業場において、「労基法に定められた労働時間規制が適用される労働者」に該当する場合に、労基法第38条第1項の規定により、それらの複数の事業場における労働時間が通算される。

次のいずれかに該当する場合は、その時間は通算されない。

・労基法が適用されない場合（例フリーランス、独立、起業、共同経営、アドバイザー、コンサルタント、顧問、理事、監事等）
・労基法は適用されるが労働時間規制が適用されない場合（農業・畜産業・養蚕業・水産業、管理監督者・機密事務取扱者、監視・断続的労働者、高度プロフェッショナル制度）

なお、これらの場合においても、過労等により業務に支障を来さないようにする観点から、その者からの申告等により就業時間を把握すること等を通じて、就業時間が長時間にならないよう配慮することが望ましい。

(イ)　通算して適用される規定

法定労働時間（労基法第32条）について、その適用において自らの事業場における労働時間及び他の使用者の事業場における労働時間が通算される。

時間外労働（労基法第36条）のうち、時間外労働と休日労働の合計で単月100時間未満、複数月平均80時間以内の要件（同条第6項第2号及び第3号）については、労働者個人の実労働時間に着目し、当該個人を使用する使用者を規制するものであり、その適用において自らの事業場における労働時間及び他の使用者の事業場における労働時間が通算される。

時間外労働の上限規制（労基法第36条第3項から第5項まで及び第6項（第2号及び第3号に係る部分に限る。））が適用除外（同条第11項）又は適用猶予（労基法第139条第2項、第140条第2項、第141条第4項若しくは第142条）される業務・事業についても、法定労働時間（労基法第32条）についてはその適用において自らの事業場における労働時間及び他の使用者の事業場における労働時間が通算される。

なお、労働時間を通算して法定労働時間を超える場合には、長時間の時間外労働とならないようにすることが望ましい。

(ウ)　通算されない規定

時間外労働（労基法第36条）のうち、労基法第36条第1項の協定（以下「36協定」という。）により延長できる時間の限度時間（同条第4項）、36協定に特別条項を設ける場合の1年についての延長時間の上限（同条第5項）については、個々の事業場における36協定の内容を規制するものであり、それぞれの事業場における延長時間を定めることとなる。

また、36協定において定める延長時間が事業場ごとの時間で定められていることから、それぞれの事業場における時間外労働が36協定に定めた延長時間の範囲内であるか否かについては、自らの事業場における労働時間と他の使用者の事業場における労働時間とは通算されない。

休憩（労基法第34条）、休日（労基法第35条）、年次有給休暇（労基法第39条）については、労働時間に関する規定ではなく、その適用において自らの事業場における労働時間及び他の使用者の事業場における労働時間は通算されない。

イ　副業・兼業の確認

（ア）　副業・兼業の確認方法

使用者は、労働者からの申告等により、副業・兼業の有無・内容を確認する。

その方法としては、就業規則、労働契約等に副業・兼業に関する届出制を定め、既に雇い入れている労働者が新たに副業・兼業を開始する場合の届出や、新たに労働者を雇い入れる際の労働者からの副業・兼業についての届出に基づくこと等が考えられる。

使用者は、副業・兼業に伴う労務管理を適切に行うため、届出制など副業・兼業の有無・内容を確認するための仕組みを設けておくことが望ましい。

（イ）　労働者から確認する事項

副業・兼業の内容として確認する事項としては、次のものが考えられる。

・他の使用者の事業場の事業内容
・他の使用者の事業場で労働者が従事する業務内容
・労働時間通算の対象となるか否かの確認

労働時間通算の対象となる場合には、併せて次の事項について確認し、各々の使用者と労働者との間で合意しておくことが望ましい。

・他の使用者との労働契約の締結日、期間
・他の使用者の事業場での所定労働日、所定労働時間、始業・終業時刻
・他の使用者の事業場での所定外労働の有無、見込み時間数、最大時間数
・他の使用者の事業場における実労働時間等の報告の手続
・これらの事項について確認を行う頻度

ウ　労働時間の通算

（ア）基本的事項

a　労働時間を通算管理する使用者

副業・兼業を行う労働者を使用する全ての使用者（ア（ア）において労働時間が通算されない場合として掲げられている業務等に係るものを除く。）は、労基法第38条第1項の規定により、それぞれ、自らの事業場における労働時間と他の使用者の事業場における労働時間と

を通算して管理する必要がある。

b　通算される労働時間

労基法第 38 条第 1 項の規定による労働時間の通算は、自らの事業場における労働時間と労働者からの申告等により把握した他の使用者の事業場における労働時間とを通算することによって行う。

c　基礎となる労働時間制度

労基法第 38 条第 1 項の規定による労働時間の通算は、自らの事業場における労働時間制度を基に、労働者からの申告等により把握した他の使用者の事業場における労働時間と通算することによって行う。

週の労働時間の起算日又は月の労働時間の起算日が、自らの事業場と他の使用者の事業場とで異なる場合についても、自らの事業場の労働時間制度における起算日を基に、そこから起算した各期間における労働時間を通算する。

d　通算して時間外労働となる部分

自らの事業場における労働時間と他の使用者の事業場における労働時間とを通算して、自らの事業場の労働時間制度における法定労働時間を超える部分が、時間外労働となる。

（イ）副業・兼業の開始前（所定労働時間の通算）

a　所定労働時間の通算

副業・兼業の開始前に、自らの事業場における所定労働時間と他の使用者の事業場における所定労働時間とを通算して、自らの事業場の労働時間制度における法定労働時間を超える部分の有無を確認する。

b　通算して時間外労働となる部分

自らの事業場における所定労働時間と他の使用者の事業場における所定労働時間とを通算して、自らの事業場の労働時間制度における法定労働時間を超える部分がある場合は、時間的に後から労働契約を締結した使用者における当該超える部分が時間外労働となり、当該使用者における 36 協定で定めるところによって行うこととなる。

c　所定労働時間の把握

他の使用者の事業場における所定労働時間は、イ（イ）のとおり、副業・兼業の確認の際に把握しておくことが考えられる。

（ウ）副業・兼業の開始後（所定外労働時間の通算）

a　所定外労働時間の通算

（イ）の所定労働時間の通算に加えて、副業・兼業の開始後に、自らの事業場における所定外労働時間と他の使用者の事業場における所定外労働時間とを当該所定外労働が行われる順に通算して、自らの事業場の労働時間制度における法定労働時間を超える部分の有無を確認する。

※　自らの事業場で所定外労働がない場合は、所定外労働時間の通算は不要である。

※　自らの事業場で所定外労働があるが、他の使用者の事業場で所定外労働がない場合は、自らの事業場の所定外労働時間を通算すれば足りる。

b　通算して時間外労働となる部分

所定労働時間の通算に加えて、自らの事業場における所定外労働時間と他の使用者の事業場における所定外労働時間とを当該所定外労働が行われる順に通算して、自らの事業場の労働時間制度における法定労働時間を超える部分がある場合は、当該超える部分が時間外労働となる。

各々の使用者は、通算して時間外労働となる時間のうち、自らの事業場において労働させる時間については、自らの事業場における36協定の延長時間の範囲内とする必要がある。

各々の使用者は、通算して時間外労働となる時間（他の使用者の事業場における労働時間を含む。）によって、時間外労働と休日労働の合計で単月100時間未満、複数月平均80時間以内の要件（労基法第36条第6項第2号及び第3号）を遵守するよう、1か月単位で労働時間を通算管理する必要がある。

c　所定外労働時間の把握

他の使用者の事業場における実労働時間は、ウ（ア）bのとおり、労働者からの申告等により把握する。

他の使用者の事業場における実労働時間は、労基法を遵守するために把握する必要があるが、把握の方法としては、必ずしも日々把握する必要はなく、労基法を遵守するために必要な頻度で把握すれば足りる。

例えば、時間外労働の上限規制の遵守等に支障がない限り、

・一定の日数分をまとめて申告等させる

（例：一週間分を週末に申告する等）

・所定労働時間どおり労働した場合には申告等は求めず、実労働時間が所定労働時間どおりではなかった場合のみ申告等させる

（例：所定外労働があった場合等）

・時間外労働の上限規制の水準に近づいてきた場合に申告等させる

などとすることが考えられる。

（エ）その他

労働者が事業主を異にする３以上の事業場で労働する場合についても、上記に記載したところにより、副業・兼業の確認、副業・兼業開始前の所定労働時間の通算、副業・兼業開始後の所定外労働時間の通算を行う。

エ　時間外労働の割増賃金の取扱い

（ア）割増賃金の支払義務

各々の使用者は、自らの事業場における労働時間制度を基に、他の使用者の事業場における所定労働時間・所定外労働時間についての労働者からの申告等により、

・まず労働契約の締結の先後の順に所定労働時間を通算し、

・次に所定外労働の発生順に所定外労働時間を通算することによって、それぞれの事業場での所定労働時間・所定外労働時間を通算した労働時間を把握し、その労働時間について、自らの事業場の労働時間制度における法定労働時間を超える部分のうち、自ら労働させた時間について、時間外労働の割増賃金（労基法第37条第１項）を支払う必要がある。

（イ）割増賃金率

時間外労働の割増賃金の率は、自らの事業場における就業規則等で定められた率（2割5分以上の率。ただし、所定外労働の発生順によって所定外労働時間を通算して、自らの事業場の労働時間制度における法定労働時間を超える部分が１か月について60時間を超えた場合には、その超えた時間の労働のうち自ら労働させた時間については、5割以上の率。）となる（労基法第37条第１項）。

オ　簡便な労働時間管理の方法

（ア）趣旨

副業・兼業の場合の労働時間管理の在り方については上記のとおりであるが、例えば、副業・兼業の日数が多い場合や、自らの事業場及び他の使用者の事業場の双方において所定外労働がある場合等においては、労働時間の申告等や通算管理において、労使双方に手続上の負担が伴うことが考えられる。

このため、副業・兼業の場合の労働時間管理の在り方について、上記によることのほかに、労働時間の申告等や通算管理における労使双方の手続上の負担を軽減し、労基法に定める最低労働条件が遵守されやすくなる簡便な労働時間管理の方法（以下「管理モデル」という。）として、以下の方法によることが考えられる。

（イ）管理モデルの枠組み

管理モデルは、副業・兼業の開始前に、当該副業・兼業を行う労働者と時間的に先に労働契約を締結していた使用者（以下「使用者A」という。）の事業場における法定外労働時間と時間的に後から労働契約を締結した使用者（以下「使用者B」という。）の事業場における労働時間（所定労働時間及び所定外労働時間）とを合計した時間数が単月100時間未満、複数月平均80時間以内となる範囲内において、各々の使用者の事業場における労働時間の上限をそれぞれ設定し、各々の使用者がそれぞれその範囲内で労働させることとするものであること。また、使用者Aは自らの事業場における法定外労働時間の労働について、使用者Bは自らの事業場における労働時間の労働について、それぞれ自らの事業場における36協定の延長時間の範囲内とし、割増賃金を支払うこととするものであること。

これにより、使用者A及び使用者Bは、副業・兼業の開始後においては、それぞれあらかじめ設定した労働時間の範囲内で労働させる限り、他の使用者の事業場における実労働時間の把握を要することなく労基法を遵守することが可能となるものであること。

（ウ）管理モデルの実施

a　導入手順

副業・兼業に関する企業の事例において、労務管理上の便宜や労働者の健康確保等のため、副業・兼業の開始前に、あらかじめ使用者が他の使用者の事業場における労働時間や通算した労働時間について上限を設定し、労働者にその範囲内で副業・兼業を行うことを求めている事例がみられる。

管理モデルについても、一般的には、副業・兼業を行おうとする労働者に対して使用者Aが管理モデルにより副業・兼業を行うことを求め、労働者及び労働者を通じて使用者Bがこれに応じることによって導入されることが想定される。

b　労働時間の上限の設定

使用者Aの事業場における1か月の法定外労働時間と使用者Bの事業場における1か月の労働時間とを合計した時間数が単月100時間未満、複数月平均80時間以内となる範囲内において、各々の使用者の事業場における労働時間の上限をそれぞれ設定する。

月の労働時間の起算日が、使用者Aの事業場と使用者Bの事業場とで異なる場合には、各々の使用者は、各々の事業場の労働時間制度における起算日を基に、そこから起算した1か月における労働時間の上限をそれぞれ設定することとして差し支えない。

c　時間外労働の割増賃金の取扱い

使用者Aは自らの事業場における法定外労働時間の労働について、使用者Bは自らの事業場における労働時間の労働について、それぞれ割増賃金を支払う。

使用者Aが、法定外労働時間に加え、所定外労働時間についても割増賃金を支払うこととしている場合には、使用者Aは、自らの事業場における所定外労働時間の労働について割増賃金を支払うこととなる。

時間外労働の割増賃金の率は、自らの事業場における就業規則等で定められた率（2割5分以上の率。ただし、使用者Aの事業場における法定外労働時間の上限に使用者Bの事業場における労働時間を通算して、自らの事業場の労働時間制度における法定労働時間を超える部分が1か月について60時間を超えた場合には、その超えた時間の労働のうち自らの事業場において労働させた時間については、5割以上の率。）とする。

（エ）その他

a　管理モデルの導入の際の労働時間の上限の設定において、使用者Aの事業場における1か月の法定外労働時間と使用者Bの事業場における1か月の労働時間とを合計した時間数を80時間を超えるものとした場合には、翌月以降において複数月平均80時間未満となるように労働時間の上限の設定を調整する必要が生じ得る。

このため、労働時間の申告等や通算管理における労使双方の手続上の負担を軽減し、労基法に定める最低労働条件が遵守されやすくするという管理モデルの趣旨に鑑み、そのような労働時間を調整する必要が生じないように、各々の使用者と労働者との合意により労働時間の上限を設定することが望ましい。

b　管理モデルの導入後に、使用者Aにおいて導入時に設定した労働時間の上限を変更する必要が生じた場合には、あらかじめ労働者を通じて使用者Bに通知し、必要に応じて使用者Bにおいて設定した労働時間の上限を変更し、これを変更することは可能である。なお、変更を円滑に行うことができるよう、あらかじめ、変更があり得る旨を留保しておくことが望ましい。

c　労働者が事業主を異にする3以上の事業場で労働する場合についても、使用者Aの事業場における法定外労働時間、使用者Bの事業場における労働時間、更に時間的に後から労働契約を締結した使用者C等の事業場における労働時間について、各々の使用者の事業場における労働時間の上限をそれぞれ設定し、各々の使用者がそれぞれその範囲内で労働させ、使用者Aは自らの事業場における法定外労働時間の労働について、使用者B及び使用者C等は自らの事業場における労働時間の労働について、それぞれ割増賃金を支払うことにより、管理モデルの導入が可能である。

d　管理モデルを導入した使用者が、あらかじめ設定した労働時間の範囲を逸脱して労働させたことによって、時間外労働の上限規制を超える等の労基法に抵触した状態が発生した場合には、当該逸脱して労働させた使用者が、労働時間通算に関する法違反を問われ得ることとなる。

(3) 健康管理

使用者は、労働者が副業・兼業をしているかにかかわらず、労働安全衛生法第66条等に基づき、健康診断、長時間労働者に対する面接指導、ストレスチェックやこれらの結果に基づく事後措置等（以下「健康確保措置」という。）を実施しなければならない。

また、健康確保の観点からも他の事業場における労働時間と通算して適用される労基法の時間外労働の上限規制を遵守すること、また、それを超えない範囲内で自らの事業場及び他の使用者の事業場のそれぞれにおける労働時間の上限を設定する形で副業・兼業を認めている場合においては、自らの事業場における上限を超えて労働させないこと。

（注）労働安全衛生法第66条に基づく一般健康診断及び第66条の10に基づくストレスチェックは、常時使用する労働者（常時使用する短時間労働者を含む。）が実施対象となる。

この際、常時使用する短時間労働者とは、短時間労働者のうち、以下のいずれの要件をも満たす者である（平成26年7月24日付け基発0724第2号等抜粋）。

・期間の定めのない労働契約により使用される者（期間の定めのある労働契約により使用される者であって、契約期間が1年以上である者並びに契約更新により1年以上使用されることが予定されている者及び1年以上引き続き使用されている者を含む。）

・1週間の労働時間数が当該事業場において同種の業務に従事する通常の労働者の1週間の所定労働時間の3／4以上である者

ア　健康確保措置の対象者

健康確保措置の実施対象者の選定に当たって、副業・兼業先における労働時間の通算をすることとはされていない。

ただし、使用者の指示により当該副業・兼業を開始した場合は、当該使用者は、原則として、副業・兼業先の使用者との情報交換により、それが難しい場合は、労働者からの申告により把握し、自らの事業場における労働時間と通算した労働時間に基づき、健康確保措置を実施することが適当である。

イ　健康確保措置等の円滑な実施についての留意点

使用者が労働者の副業・兼業を認めている場合は、健康保持のため自己管理を行うよう指示し、心身の不調があれば都度相談を受けることを伝えること、副業・兼業の状況も踏まえ必要に応じ法律を超える健康確保措置を実施することなど、労使の話し合い等を通じ、副業・兼業を行う者の健康確保に資する措置を実施することが適当である。また、副業・兼業を行う者の長時間労働や不規則な労働による健康障害を防止する観点から、働き過ぎにならないよう、例えば、自社での労務と副業・兼業先での労務との兼ね合いの中で、時間外・休日労働の免除や抑制等を行うなど、それぞれの事業場において適切な措置を講じることができるよう、労使で話し合うことが適当である。

さらに、使用者の指示により当該副業・兼業を開始した場合は、実効ある健康確保措置を実施する観点から、他の使用者との間で、労働の状況等の情報交換を行い、それに応じた健康確保措置の内容に関する協議を行うことが適当である。

4 労働者の対応

⑴ 労働者は、副業・兼業を希望する場合にも、まず、自身が勤めている企業の副業・兼業に関するルール（労働契約、就業規則等）を確認し、そのルールに照らして、業務内容や就業時間等が適切な副業・兼業を選択する必要がある。例えば労働者が副業・兼業先の求職活動をする場合には、就業時間、特に時間外労働の有無等の副業・兼業先の情報を集めて適切な就職先を選択することが重要である。なお、適切な副業・兼業先を選択する観点からは、ハローワークにおいて求人内容の適法性等の確認作業を経て受理され、公開されている求人について求職活動を行うこと等も有効である。また、実際に副業・兼業を行うに当たっては、労働者と企業の双方が納得感を持って進めることができるよう、企業と労働者との間で十分にコミュニケーションをとることが重要である。

⑵ ⑴により副業・兼業を行うに当たっては、副業・兼業による過労によって健康を害したり、業務に支障を来したりすることがないよう、労働者（管理監督者である労働者も含む。）が、自ら各事業場の業務の量やその進捗状況、それに費やす時間や健康状態を管理する必要がある。

また、他の事業場の業務量、自らの健康の状況等について報告することは、企業による健康確保措置を実効あるものとする観点から有効である。

⑶ そこで、使用者が提供する健康相談等の機会の活用や、勤務時間や健康診断の結果等の管理が容易になるようなツールを用いることが望ましい。始業・終業時刻、休憩時間、勤務時間、健康診断等の記録をつけて

いくような民間等のツールを活用して、自己の就業時間や健康の管理に努めることが考えられる。ツールは、副業・兼業先の就業時間を自己申告により使用者に伝えるときにも活用できるようなものが望ましい。

(4) なお、副業・兼業を行い、20万円を超える副収入がある場合は、企業による年末調整ではなく、個人による確定申告が必要である。

5 副業・兼業に関わるその他の制度について

(1) 労災保険の給付（休業補償、障害補償、遺族補償等）

事業主は、労働者が副業・兼業をしているかにかかわらず、労働者を1人でも雇用していれば、労災保険の加入手続を行う必要がある。

労災保険制度は労基法における個別の事業主の災害補償責任を担保するものであるため、従来その給付額については、災害が発生した就業先の賃金分のみに基づき算定していたが、複数就業している者が増えている実状を踏まえ、複数就業者が安心して働くことができるような環境を整備するため、「雇用保険法等の一部を改正する法律」（令和2年法律第14号）により、非災害発生事業場の賃金額も合算して労災保険給付を算定することとしたほか、複数就業者の就業先の業務上の負荷を総合的に評価して労災認定を行うこととした。

なお、労働者が、自社、副業・兼業先の両方で雇用されている場合、一の就業先から他の就業先への移動時に起こった災害については、通勤災害として労災保険給付の対象となる。

（注）事業場間の移動は、当該移動の終点たる事業場において労務の提供を行うために行われる通勤であると考えられ、当該移動の間に起こった災害に関する保険関係の処理については、終点たる事業場の保険関係で行うものとしている。（労働基準局長通達（平成18年3月31日付け基発第0331042号））

(2) 雇用保険、厚生年金保険、健康保険

雇用保険制度において、労働者が雇用される事業は、その業種、規模等を問わず、全て適用事業（農林水産の個人事業のうち常時5人以上の労働者を雇用する事業以外の事業については、暫定任意適用事業）である。このため、適用事業所の事業主は、雇用する労働者について雇用保険の加入

手続きを行わなければならない。ただし、同一の事業主の下で、①1週間の所定労働時間が20時間未満である者、②継続して31日以上雇用されることが見込まれない者については被保険者とならない（適用除外）。また、同時に複数の事業主に雇用されている者が、それぞれの雇用関係において被保険者要件を満たす場合、その者が生計を維持するに必要な主たる賃金を受ける雇用関係についてのみ被保険者となるが、「雇用保険法等の一部を改正する法律」（令和2年法律第14号）により、令和4年1月より65歳以上の労働者本人の申出を起点として、一の雇用関係では被保険者要件を満たさない場合であっても、二の事業所の労働時間を合算して雇用保険を適用する制度が試行的に開始される。

社会保険（厚生年金保険及び健康保険）の適用要件は、事業所毎に判断するため、複数の雇用関係に基づき複数の事業所で勤務する者が、いずれの事業所においても適用要件を満たさない場合、労働時間等を合算して適用要件を満たしたとしても、適用されない。また、同時に複数の事業所で就労している者が、それぞれの事業所で被保険者要件を満たす場合、被保険者は、いずれかの事業所の管轄の年金事務所及び医療保険者を選択し、当該選択された年金事務所及び医療保険者において各事業所の報酬月額を合算して、標準報酬月額を算定し、保険料を決定する。その上で、各事業主は、被保険者に支払う報酬の額により按分した保険料を、選択した年金事務所に納付（健康保険の場合は、選択した医療保険者等に納付）することとなる。

■副業・兼業に関する届出様式例（厚生労働省様式）

○年○月○日

副業・兼業に関する届出

○○○株式会社（事業所名称）
　●●　●●　殿（使用者氏名）

就業規則第○条の規定（／労働契約書の記載）に基づき、私　■■　■■（労働者氏名）は、以下のとおり、副業・兼業について届け出ます。

1　副業・兼業の形態　：☐　雇用　（事業所の名称等を２～５に記入）
　　　　　　　　　　　☐　非雇用（業務の内容：　　　　　　　　　　）

2　事業所の名称：株式会社△△△
　事業所の住所：◆◆県◇◇市▲▲＊－＊－＊

3　２の事業所の事業内容：○○○○
　従事する業務内容：○○○○

4　労働契約締結日等：○年○月○日
　契約期間：期間の定めなし　／　期間の定めあり（○年○月○日～○年○月○日）

5　所定労働時間等：（所定労働日）　月　火　水　木　金　㊏　㊐
　　　　　　　　　（所定労働時間）　１日○時間、週○時間
　　　　　　　　　（始業・終業時刻）　00：00～00：00
　　　　　　　　　（※上記の内容が記入されたカレンダーを別途添付するなどの方法も可。）
　所定外労働時間：　１日○時間、週○時間、１か月○時間　／　なし
　　（見込み）　　（※所定外労働時間には上記２の事業所における休日労働の時間も含む。また、見込みとは別に最大の時間数が定まっている場合はそれぞれ括弧で記載する。）

6　確認事項　※必要に応じて労働者に確認する事項の例

☑　上記１～５の事項に変更があった場合、速やかに届け出ます。また、これらの事項について、会社の求めがあった場合には、改めて届け出ます。

☑　所定の方法により、必要に応じ上記２の事業所での実労働時間を報告するなど、会社の労務管理に必要な情報提供に協力します。

（＊所定の方法の例としては、時間外労働の上限規制の遵守等に支障がない限り、①一週間分を週末に報告する、②所定労働時間どおり労働した場合には報告等は求めず、所定外労働があった場合のみ報告する、③時間外労働の上限規制の水準に近づいてきた場合に報告するなどが考えられる。）

■副業・兼業に関する合意書様式例（厚生労働省様式）

副業・兼業に関する合意書

○年○月○日

事業所の名称：株式会社○○○（以下Ｘ社）
事業所の住所：▼▼県▽▽市□□＊－＊－＊
使用者職氏名：代表取締役　●●　●●

対象労働者氏名：■■　■■

上記使用者及び ■■　■■（対象労働者）（以下「対象労働者」という。）は、以下の内容について合意します。

1　対象労働者は、以下の内容で副業・兼業を行います。

（1）副業・兼業の形態　：□　雇用　（事業所の名称等は（2）～（5）のとおり）
　　　　　　　　　　　　□　非雇用（業務の内容：　　　　　　　　　　　　）

（2）副業・兼業を行う事業所の名称：株式会社△△△（以下Ｙ社）
　　副業・兼業を行う事業所の住所：◆◆県◇◇市▲▲＊－＊－＊

（3）Ｙ社の事業内容：○○○○
　　従事する業務内容：○○○○

（4）労働契約締結日等：○年○月○日
　　契約期間：期間の定めなし／期間の定めあり（○年○月○日～○年○月○日））

（5）所定労働時間等：（所定労働日）月　火　水　木　金　㊏　㊐
　　（見込み）　　　（所定労働時間）１日○時間、週○時間
　　　　　　　　　　（始業・終業時刻）00：00～00：00
　　　　　　　　　　（※別途添付するカレンダー等をもって代える場合はチェック。□）
　　所定外労働時間：１日○時間、週○時間、１か月○時間　／　なし
　　（見込み）　　　（※所定外労働時間にはＹ社における休日労働の時間も含む。また、見込みとは別に最大の時間数が定まっている場合はそれぞれ括弧で記載する。）

2　X社は、対象労働者の1の副業・兼業について、以下の点を遵守して行われることを条件に認めます。

(1)　対象労働者の行う副業・兼業が就業規則第○条の副業・兼業の禁止・制限事項に該当するものではないこと。

(参考) 副業・兼業に係る禁止・制限事項（就業規則第○条）
①労務提供上の支障がある場合　②企業秘密が漏洩する場合
③会社の名誉や信用を損なう行為や、信頼関係を破壊する行為がある場合
④競業により、企業の利益を害する場合

※対象労働者の行う副業・兼業が、雇用による場合であり、かつ、「副業・兼業の促進に関するガイドライン」で示されている簡便な労働時間管理の方法（「管理モデル」）により会社が労働時間管理を行う場合に労働者と合意する事項の例

(2) 対象労働者がY社に対し、(3)～(6)の条件を十分に伝達すること。

(3) 対象労働者のX社における1か月間の時間外・休日労働（注1）の上限は○○時間（A）であること。

(4) X社では、労働基準法第38条第1項の規定（注2）に基づき、対象労働者について、Y社が①及び②を遵守することを条件に、副業・兼業を認めるものであること。

①　X社における1か月間の時間外・休日労働の上限（A）に、Y社における1か月間の労働時間（所定労働時間及び所定外労働時間）の上限（B）を通算して、時間外・休日労働の上限規制（注3）の範囲内とするとともに、上限（B）の範囲内で労働させること。その際、可能な限り法定の上限に近い水準で上限を設定しないこと。

②　①の上限（B）の範囲内の労働時間について、Y社から割増賃金が支払われること（注4）

(5) X社は、X社における時間外・休日労働の実績に基づき、対象労働者に割増賃金を支払うものであること。

(6) X社における1か月間の時間外・休日労働の上限（A）に変更がある場合は、事前に対象労働者に通知するので、その際は、対象労働者は速やかにY社に伝達すること。

注1）労働基準法第32条の労働時間（週40時間、1日8時間）を超える時間及び同法第35条第1項の休日における労働時間の合計
注2）労働時間は、複数の会社に雇用されるなどの事業場を異にする場合においても、労働時間に関する規定の適用については通算する旨の規定
注3）時間外労働と休日労働の合計で単月100時間未満、複数月平均80時間以内とすること（労働基準法第36条第6項第2号及び第3号）。なお、月の労働時間の起算日がX社とY社とで異なる場合には、各々の起算日から起算した1か月における上限（A）と上限（B）をそれぞれ設定することとして差し支えない。
注4）2割5分以上の率でY社が定める率により割増賃金が支払われること。また、X社における上限（A）の時間に、Y社における上限（B）の範囲内の労働時間（休日労働は除く。）を通算して、1か月について60時間を超えた場合、60時間を超える部分については、5割以上の率でY社が定める率により割増賃金が支払われること（労働基準法第37条第1項）。

3　対象労働者は、1の副業・兼業が就業規則第○条の副業・兼業の禁止・制限事項に該当しないことを確認しました。また、副業・兼業の開始後に、禁止・制限事項に該当するおそれが生じたときは、速やかにX社に報告します。

4　対象労働者は、所定の方法により、必要に応じY社での実労働時間を報告するなど、X社の労務管理に必要な情報提供に協力します。

具体的には、○○○、○○○（企業と対象労働者の間で合意した方法など）を行います。

5　対象労働者は、1（1）～（5）の事項に変更があった場合、速やかにX社に届け出ます。また、これらの事項について、X社の求めがあった場合には、対象労働者は、改めて届け出ます。

6　対象労働者は、健康保持のため自己管理を行うよう努めます。

7　X社は、対象労働者の心身の不調があれば都度相談を受けること、副業・兼業の状況も踏まえ必要に応じ、○○○、○○○（法律を超える健康確保措置、時間外労働の免除や抑制など）を実施します。

8　この合意書に基づく取扱いについては、○年○月○日までとします。

この期日を超えて1の副業・兼業を行う場合は、対象労働者は、期日の○日前までに、改めて会社に届け出ます。

9　5、8の届出が行われた場合、必要に応じ、使用者と対象労働者の間で新たに合意書を交わすものとします。

■管理モデル導入（通知）様式例（厚生労働省様式）

○年○月○日

■■　■■（労働者氏名）　殿

副業・兼業に関する労働時間の取扱いについて（通知）

貴殿から届出のあった副業・兼業について、以下の点を遵守して行われることを条件に認めますので、通知します。また、貴殿の副業・兼業先の事業所（以下「他社」という。）に対し、この条件を十分伝達するようお願いします。

1　貴殿の当社における1か月間の時間外・休日労働（注1）の上限は○○時間（A）です。

2　当社では、労働基準法第38条第1項の規定（注2）に基づき、貴殿について、他社が①及び②を遵守することを条件に、副業・兼業を認めます。
　① 当社における1か月間の時間外・休日労働の上限（A）に、他社における1か月間の労働時間（所定労働時間及び所定外労働時間）の上限（B）を通算して、時間外・休日労働の上限規制（注3）の範囲内とするとともに、上限（B）の範囲内で労働させること
　② ①の上限（B）の範囲内の労働時間について、他社から割増賃金が支払われること（注4）

3　当社では、当社における時間外・休日労働の実績に基づき貴殿に割増賃金を支払います。

4　当社における1か月間の時間外・休日労働の上限（A）に変更がある場合は、事前に貴殿に通知しますので、その際は速やかに他社に伝達するようお願いします。

5　この通知に基づく取扱いについては、○年○月○日までとします。その期日を超えて他社において副業・兼業を行う場合は、期日の○日前までに、改めて届け出てください。

注1）労働基準法第32条の労働時間（週40時間、1日8時間）を超える時間及び同法第35条第1項の休日における労働時間の合計

注2）労働時間は、複数の会社に雇用されるなどの事業場を異にする場合においても、労働時間に関する規定の適用については通算する旨の規定

注3）時間外労働と休日労働の合計で単月100時間未満、複数月平均80時間以内とすること（労働基準法第36条第6項第2号及び第3号）。なお、月の労働時間の起算日が当社と他社とで異なる場合には、各々の起算日から起算した1か月における上限（A）と上限（B）をそれぞれ設定することとして差し支えない。

注4）2割5分以上の率で他社が定める率により割増賃金が支払われること。また、当社における上限（A）の時間に、他社における上限（B）の範囲内の労働時間（休日労働は除く。）を通算して、1か月について60時間を超えた場合、60時間を超える部分については、5割以上の率で他社が定める率により割増賃金が支払われること（労働基準法第37条第1項）。

担　　当：○○○株式会社　人事課　○○　○○

住　　所：▼▼県▽▽市□□＊－＊－＊

■副業・兼業許可申請書（厚生労働省様式からのアレンジ）

○年○月○日

副業・兼業許可申請書

○○○株式会社（事業所名称）
●●　●●　殿（使用者氏名）

就業規則第○条の規定（／労働契約書の記載）に基づき、私　■■　■■（労働者氏名）は、以下のとおり、副業・兼業を申請します。

1　副業・兼業の形態　：□　雇用　（事業所の名称等を２～５に記入）
□　非雇用（業務の内容：　　　　　　　　　　　　　　）

2　事業所の名称：株式会社△△△
事業所の住所：◆◆県◇◇市▲▲＊－＊－＊

3　２の事業所の事業内容：○○○○
従事する業務内容：○○○○

4　労働契約締結日等：○年○月○日
契約期間：期間の定めなし　／　期間の定めあり（○年○月○日～○年○月○日）

5　所定労働時間等：（所　定　労　働　日）（曜日、日数等を記載）
（所 定 労 働 時 間）　１日　○時間、週　○時間
（始 業 ・ 終 業 時 刻）　00：00～00：00
（※上記の内容が記入されたカレンダーを別途添付するなどの方法も可。）
所定外労働時間：　１日○時間、週○時間、１か月○時間　／　なし
（見込み）　（※所定外労働時間には上記２の事業所における休日労働の時間も含む。また、見込みとは別に最大の時間数が定まっている場合はそれぞれ括弧で記載する。）

6　確認事項
☑　副業・兼業を行うにあたり、秘密保持に関する誓約書を別途提出します。
☑　上記２の事業所と雇用契約を締結する場合は、会社が指定する管理モデルによる労働時間管理に同意し、指定された労働時間の上限時間を遵守します。
☑　上記２の事業所での実労働時間は、会社が指定する方法により報告します。その他、会社の求めに応じて、労務管理に必要な情報提供に協力します。
☑　上記１～５の事項に変更があった場合、速やかに届け出ます。また、これらの事項について、会社の求めがあった場合には、改めて届け出ます。

■秘密保持に関する誓約書（様式例）

●●●●株式会社
代表取締役　●●●●　殿

秘密保持に関する誓約書

私は、副業を行うにあたり、以下の事項を遵守することを誓約します。

1. 私は、在職中に知り得た貴社の技術上、営業上、経営上、その他一切の事業上の情報で、貴社が一般に公開していない情報（以下「秘密情報」といいます）について、在職中か退職後かにかかわらず、承諾なく副業先を含む第三者に開示もしくは漏洩しません。また、貴社の業務以外の目的に使用しません。

2　私は、貴社の情報管理規程において認められている場合を除き、秘密情報ならびに秘密情報を含む書類および電子記録媒体について、外部へ持ち出しません。

3　私が本秘密保持に関する誓約書に違反した場合、貴社からの懲戒処分を受ける可能性があることを理解しました。

4　私が本秘密保持に関する誓約書に違反した場合、副業の承認を取り消すことに異議はありません。

5　前各項に違反した場合には、私はこれにより貴社が被った一切の損害を賠償する義務があることを認めます。

令和　　　年　　　月　　　日
現住所
氏　名　　　　　　　　　　　　　　　　　㊞
連絡先

■副業・兼業に関する誓約書（様式例）

●●●●株式会社
代表取締役　●●●●　殿

副業・兼業に関する誓約書

私は、副業を行うにあたり、以下の事項について理解し遵守することを誓約します。

1. 就業時間中に副業・兼業の業務を行わず、本業をおろそかにしないこと
2. 常に健康維持を心がけ、業務に支障がないようにすること
3. 同業・競業他社へ情報漏洩しないこと
4. 副業・兼業先での１か月の労働時間は会社が設定した●時間とし、これを超えないこと
5. 副業・兼業先での労働時間は会社が指定する方法により報告すること
6. 副業・兼業に関する事項を含む会社の就業規則およびその他の規程を遵守すること
7. 承認申請書に記載した内容に偽りがないこと
8. 申請した副業・兼業先以外の異なる副業・兼業先への就業をする場合は、改めて申請手続きをすること
9. 副業・兼業の承認期間は、●年●月●日から●年●月●日までであること
10. 更新を希望する場合は、期間満了日の１か月前までに再度申請の手続きを行うこと
11. 申請内容に変更があった場合は、事前に会社に通知すること
12. 承認期間中であっても、副業・兼業を取り消す事項が発生した際には、会社から副業・兼業の終了を命ずる可能性があること
13. 会社が副業・兼業先に対して労働時間等に関する問い合わせをすることに同意し、実現に協力すること

令和　　　年　　　月　　　日
現住所
氏　名　　　　　　　　　　　㊞
連絡先

■副業・兼業承認通知書（様式例）

●年●月●日

●●●　殿

副業・兼業承認通知書

●●●●株式会社
代表取締役　●●●●

貴殿の●年●月●日付の副業・兼業申請について、下記の事項に同意することを条件に、承認することを通知します。

記

1. 副業先●●●が添付の管理モデル使用に関する合意書に同意すること
2. 期間は、●●から●●とすること
3. 副業開始後は、指定の方法により勤務状況について報告すること
4. 副業・兼業申請書の内容に変更が生じた場合は、直ちに●●まで連絡すること

以上

■副業に関する合意書（3者）（様式例）

副業に関する合意書

○○（本業先、以下「甲」という）、△△（副業先、以下「乙」という）および労働者●●（以下、「丙」という）は、次のとおり合意する。

（雇用契約の締結順序）
第1条　甲乙丙は、甲と丙との間で○○年○月○日付の雇用契約（以下、「契約（甲）」という）が締結されたことを相互に確認する。
2　甲乙丙は、乙と丙との間で○○年○月○日付の雇用契約（以下、「契約（乙）」という）が締結されたことを相互に確認する。

（労働時間の通算の順序）
第2条　前条にかかわらず、甲乙丙は、丙の副業時の労働時間通算に関して、契約（甲）が契約（乙）より時間的に先に締結されたものとして処理することに合意する。
2　前項により、労働時間の通算は、次の順序で行われることを確認する。
①甲事業場における所定労働時間
②乙事業場における所定労働時間
③甲事業場における所定外労働時間
または乙事業場における所定外労働時間の実際に行われた順に通算

（法定労働時間を超える労働時間）
第3条　甲乙は、前条の労働時間通算により、自らの事業場の労働時間制度における法定労働時間を超える部分がある場合は、この法定労働時間を超える部分のうち自ら労働させた時間について、36協定の締結・届出義務を負うほか、割増賃金を支払う義務を負うことを確認する。

（損害賠償）
第4条　甲乙は前各条の確認項目により発生した結果に関し、相互に損害賠償請求等の責任追及をしないことを約束する。

（解約）
第5条　甲は、他の二当事者に対して、●か月以上前までの書面による通知により本合意を解約できる。
2　乙は、他の二当事者に対して、●か月以上前までの書面による通知により本合意を解約できる。
3　丙は、他の二当事者に対して、●か月以上前までの書面による通知により本合意を解約できる。

＝＝＝＝＝＝＝＝＝＝＝＝＝＝＝＝＝＝＝＝＝＝＝＝＝＝＝＝＝＝＝＝＝＝＝＝
【前提】本業の会社と副業先の会社と労働者本人との３者の合意書
副業のほうが本業よりも先に労働契約を締結しているが、本業のほうが時間的に先に締結されたものとして労働時間の通算処理をすることに合意する内容

【想定：こんなときに使うことができます】
新入社員から入社前からのアルバイトを継続したまま入社したいと申請があり、本人の希望により副業・兼業を認める場合に取り交わしておきたい合意書のモデルです。
本業はフルタイム勤務のため、本業の労働時間を先に通算する方法で処理したい場合に活用することを想定しています。

■「管理モデル」使用に関する合意書（様式例）

「管理モデル」使用に関する合意書

○○（本業先、以下「甲」という）、△△（副業先、以下「乙」という）および労働者●●（以下、「丙」という）は、次のとおり合意する。

（管理モデルの使用）
第１条　甲乙丙は、甲と丙、乙と丙の間でそれぞれ雇用契約が締結されていることを相互に確認する。
２　甲乙丙は、それぞれの雇用契約における労働時間管理において、厚生労働省がガイドラインで示している「管理モデル」を使用して運用することに合意する。

（上限時間）
第２条　甲乙は、それぞれの雇用契約において次の上限時間の範囲内において所定外労働を命ずることができる。
甲の上限時間：
乙の上限時間：
２　丙は前項について、同意する。

（上限時間の変更）
第２条　前条にかかわらず、甲は、乙および丙に対して、また乙は、甲および丙に対して、前条に定めるそれぞれの上限時間を変更するよう、協議を申し入れることができる。
２　協議が調わない場合は、前条の上限時間で合意したとおりとする。

（法定労働時間を超える労働時間）
第３条　甲乙は、前条の労働時間通算により、自らの事業場の労働時間制度における法定労働時間を超える部分がある場合は、この法定労働時間を超える部分のうち自ら労働させた時間について、36協定の締結・届出義務を負うほか、割増賃金を支払う義務を負うことを確認する。

（損害賠償）
第４条　甲乙は前各条の確認項目により発生した結果に関し、相互に損害賠償請求等の責任追及をしないことを約束する。

（解約）
第５条　甲は、他の二当事者に対して、●か月以上前までの書面による通知により本合意を解約できる。

2　乙は、他の二当事者に対して、●か月以上前までの書面による通知により本合意を解約できる。

3　丙は、他の二当事者に対して、●か月以上前までの書面による通知により本合意を解約できる。

＝＝＝＝＝＝＝＝＝＝＝＝＝＝＝＝＝＝＝＝＝＝＝＝＝＝＝＝＝＝＝＝＝＝＝＝

【前提】本業の会社と副業先の会社と労働者本人との3者の合意書
「管理モデル」を使用して管理することを3者間で合意するための内容

【想定：こんなときに使うことができます】
副業・兼業を認める場合に「管理モデル」を使用して管理する場合に取り交わしておきたい合意書のモデルです。
それぞれの上限時間を事前に話し合い、書面で取り交わしておくことにより安心して運用可能となりため、このような合意書を準備することが考えられます。

それぞれの上限時間（時間外労働・休日労働）を月60時間超で設定している場合は、給与計算処理において、60時間超の割増手当の支払いが必要かどうかを事前にスムーズに判断するために、以下のような条文も追加することを検討されることも考えられます。

参考：（事前通知）
第●条　甲は、月の途中で法定外労働時間が○時間を超えた場合は、丙を通じて乙へ通知しなければならない。

2　乙は、月の途中で法定外労働時間が○時間を超えた場合は、丙を通じて甲へ通知しなければならない。

3　丙は、前各項の通知を行うことについて、同意する。

【上限時間】
様式例では、1か月の労働時間の上限時間としていますが、日単位、週単位の上限時間することや、月によって異なる上限時間にすることなども考えられます。

■就業規則の規定案（厚生労働省のモデル就業規則を参考に）

【厚生労働省が定める就業規則の規定例】

（副業・兼業）
第●条　労働者は、勤務時間外において、他の会社等の業務に従事することができる。
2　会社は、労働者からの前項の業務に従事する旨の届出に基づき、当該労働者が当該業務に従事することにより次の各号のいずれかに該当する場合には、これを禁止又は制限することができる。
①　労務提供上の支障がある場合
②　企業秘密が漏洩する場合
③　会社の名誉や信用を損なう行為や、信頼関係を破壊する行為がある場合
④　競業により、企業の利益を害する場合

⇩

●就業規則の規定案●

（副業・兼業）
第●条　労働者は、勤務時間外において、他の会社等の業務に従事する場合は事前に「副業・兼業申請書」を提出しなければならない。申請書を提出した労働者は、会社に求めに応じて申請書に関連する資料などの提出や照会に応じるものとする。なお、当該申請書の内容に変更が生じた場合は、申請書を再提出しなければならない。
2　会社は前項に基づき労働者が当該申請書を提出した場合でも、次に定める事項が生じるまたは生じる可能性がある場合は、副業・兼業を禁止または制限することができる。
①　所定労働時間が重複する場合
②　会社が定める労働時間の上限を超えた場合または超えることが見込まれる場合

③　過度な長時間労働が予想される場合

④　競業他社その他競業事業に従事する場合

⑤　会社の職務遂行に支障がある場合

⑥　会社の営業秘密、企業秩序または社会的信用を遵守できない場合

⑦　その他会社の労働者として不適当である場合

3　会社は労働者の申請に基づき承認をした場合であっても、その後第2項の事情が生じた場合は取り消すことがある。

著者略歴

濱田　京子（はまだ　きょうこ）

特定社会保険労務士　エキップ社会保険労務士法人代表社員
株式会社ゴルフダイジェスト・オンライン社外監査役　東京都紛争調整委員会あっせん委員
神戸市生まれ、東京育ち、聖心女子大学卒業。
新卒で三井不動産株式会社に入社し、人事部の仕事を経験したことをきっかけに、その後も人事系のキャリアを重ね、2009年に濱田京子社労士事務所を開業。2016年6月にエキップ社会保険労務士法人へ組織改編。
自身が大手企業だけではなく、大手企業のグループ会社やベンチャー企業に勤務した経験から、ステージに応じた現実的な対応策の提案・コンサルティングを得意とする。
ビジネス雑誌への執筆、人事労務関連のセミナー講師も多く行っている。
著書に『M&A労務デューデリジェンス標準手順書』（共著・日本法令）、『給与計算の最強チェックリスト』『労務管理の最強チェックリスト』『最適な労働時間の管理方法がわかるチェックリスト』（アニモ出版）などがある。

鴇沢　裕（ときざわ　ゆたか）

税理士、税理士法人 TOKIZAWA&PARTNERS 代表社員
株式会社高見澤社外監査役、株式会社守谷商会社外監査役
長野市出身、日本大学卒業、慶應義塾大学入学（学士）。
大学在学中は経済学者の道を志すも、「経済学の大局を極めるより、中小企業の社長の力になること」に意義を見出し、経営者にとって一番身近な存在である税理士の勉強を始める。東京中央税理士法人、社員税理士を経て、2011年に鴇沢会計事務所を開業。2015年6月に税理士法人TOKIZAWA&PARTNERSへ組織変更。2021年6月に税理士法人TOKIZAWA&PARTNERS 長野事務所を開設。
事務所開業当初から、定時退社を基本とするなど、世の中に先駆けてワークライフバランスを重視するとともに、活発にコミュニケーションできる開放的な仕事環境を整備している。中小企業への税務会計の支援を中心とするが、東証一部上場企業への税効果会計や法人税システムの導入コンサルティング等、企業の財務体質を強化し、ファイナンスを強化する財務マネジメントなど、業務の枠を広げている。

第2章9：執筆

副業・兼業制度 導入・運用マニュアル　令和4年3月20日　初版発行

検印省略

日本法令®

〒101-0032
東京都千代田区岩本町1丁目2番19号
https://www.horei.co.jp/

著　者　濱　田　京　子
発行者　青　木　健　次
編集者　岩　倉　春　光
印刷所　日本ハイコム
製本所　国　宝　社

（営　業）	TEL　03-6858-6967	Eメール	syuppan@horei.co.jp
（通　販）	TEL　03-6858-6966	Eメール	book.order@horei.co.jp
（編　集）	FAX　03-6858-6957	Eメール	tankoubon@horei.co.jp

（オンラインショップ）　https://www.horei.co.jp/iec/
（お詫びと訂正）　https://www.horei.co.jp/book/owabi.shtml
（書籍の追加情報）　https://www.horei.co.jp/book/osirasebook.shtml

※万一、本書の内容に誤記等が判明した場合には、上記「お詫びと訂正」に最新情報を掲載しております。ホームページに掲載されていない内容につきましては、FAXまたはEメールで編集までお問合せください。

・乱丁、落丁本は直接弊社出版部へお送りくださればお取替えいたします。

ISBN 978-4-539-72887-1